寛容と暴力

国際関係における自由主義

清水耕介
Kosuke Shimizu

ナカニシヤ出版

はじめに

　二〇一三年元旦の街は、ほぼ普段の日曜日のような賑わいを見せていた。多くのスーパーマーケットや家電量販店は、あたかもそれが当たり前のように朝十時から開店し、人々はセール商品を買い漁る消費者と化していた。三十年前の元旦はまったく異なった顔を見せていた。三箇日の商店街は閑散とし、フライング気味の初売りを行なう数少ない店舗の前の行列が恒例であった。おせち料理は作り置きのできる料理としての機能を果たしていたし、家族との凧揚げやかるたは子どもたちにとっての数少ないイベントであった。いま、街は休むことを忘れ、ブレーキの壊れたまま高速で走り続ける暴走列車の様相を帯びている。テレビの画面はひたすら人々の消費欲をかき立て、一円でも安い商品を金利手数料の安いローンで買うように語りかけてくる。

　この止まることを忘れた暴走列車は、後期資本主義、後期近代／ポスト近代、消費社会といった別名を持つ。自由主義政治経済学（それはしばしば近代経済学という非政治化された名前で言及される）はこの社会体制を走らせる主たる燃料であり、そこでは自己の利益（欲望）を極大化することが社会全体の利益となることが仮定される。この利益の極大化は、そのもととなる資本を持つ者たちに選択の自由をもたらす一方、それを持たない人々は孤立化するとともに社会の隅へと追いやられることとなる。

今日ほど、この繰り返し述べられてきた自由主義政治経済学／資本主義についての陰鬱な物語が真実味を持つ時代は歴史を振り返ってみても少ないのではないだろうか。その一つの例外が、いわゆる「危機の二十年」と呼ばれる、第一次大戦と第二次大戦との間の二十年間である。イギリスの歴史家・国際関係理論家であったE・H・カーはこの時代を「危機」と名づけ、ドイツ出身のユダヤ系政治思想家ハンナ・アレントは「暗い時代」と呼んだ。ドイツの社会心理学者エーリッヒ・フロムはこの時代が「自由からの逃走」によって特徴づけられると述べた。これらの思想家たちの言説に共通するのは、絶対的な覇権国（イギリス）の衰退にともなう高度に発達した資本主義社会とその結果登場した極端な消費社会が、この二十年間の悲劇的な歴史の背景にあったことである。

自由主義政治経済はこの時代、少なくとも二つの側面を見せた。経済の自由主義と政治の民主化である。近代という時代が宗教の衰退を導き、その結果人々は価値観について路頭に迷うこととなる。何が正しく、何が間違っているのか。何が善で、何が悪なのか。こうした問題の答えを出すにあたって、人々は何に頼ればいいのか。この価値観の喪失は、自由主義政治経済に大きな翳りをもたらす。一方で、民主化によって人々は選択を強いられる。政治問題は誰かが決定するものではなく自分たちが決定するものとして人々の前に現れる。他方、価値基準を失った人々は富の蓄積をはっきりとわかる「善」として受け入れ、物質主義に走り出す。ここで政治問題は経済問題となり、政治は誰がどれだけの分け前を手に入れるのかについての交渉の場所となる。それは私的利益による公共空間の植民地化であり、公共性の存在それ自体の否定である。そして、すべてが私的となったとき、その特徴である暴力性が社会全体を覆い尽くし、その時代に生きた人々を「暗い時代」へと突き落とす。これが上記の三人の思想家たちが描いた危機の二十年の結末である。

日本においても、その状況は大きな違いを見せることはない。戦争直前の暗い時代というイメージとは異なり、消費社会へと突き進んで行く日本を憂慮した政治的言説は多く残されている。それらの多くは行き過ぎた近代化を憂い、ある者は西洋近代からの撤退と日本独自の伝統の再生に挑戦し、まためる者は西洋近代の超克を試みる。そして、少ない例外を除いて、これらの人々は軍国主義との共犯関係へと突き進んでいく。

本書は、この「危機の二十年」の状況を念頭におきながら現代を読み直す試みの一環である。ここで特に注目したのは、自由主義、いわゆるリベラリズムに埋め込まれた暴力性である。第二次大戦末期、軍国主義による監獄死の直前に京都学派の流れを汲む戸坂潤は、ファシズムと自由主義とは相反する関係にあるのではなく、かえって共犯関係にあることを詳細に書き残している（『日本イデオロギー』）。事実、当時自由主義的と呼ばれた京都学派メンバーの多くが最終的に軍国主義に協力した歴史は、日本の多くの知識人の心にいまでも暗い影を落としている。戸坂はいう。資本主義社会の成熟による社会的格差の解消は、京都学派の主流派が展開したような文化的自由主義言説を通して個人の問題へとトランスフォームされる。「無の場所」のようなある種、宗教的な超越とも呼べる状態が、社会の不条理を乗り越える唯一の方法なのである。換言すれば、社会的な矛盾・不条理は、個人の自己責任の問題として捉え直されるのである。つまり、自由主義政治経済学の一つの、しかしながら非常に重要な機能は、この責任主体としての「個人」を作り出すことにあるともいえる。その結果、個人は疎外され、孤立化され、連帯感を失うこととなる。この数年、ことあるごとに人々の間にあるはずの「絆」の重要性が叫ばれるのは、まさにこの「絆」、他者との連帯、公共性が失われていることの証左である。「就活」で大学三年生の後期から授業を休みがちになる大学生を見ていると、経済効率性の名の下に人々を個人化させ、競争させ、疲弊させていく勝ち組社会のひずみが見えてくる。自分の人生をゆっくり考えることを否定され、会社の説明会や面接に奔走する彼・彼女たちは、自分の人生において、そして社会のなかにおいて仕事をするということの意味を深く考える余裕もない。

個人の孤立化と公共性の喪失は、アレントのいう私的領域に埋め込まれた暴力性の社会への噴出を意味する。今日、社会はすでに公的領域から私的領域の単なる集合体へと変化している。マンションの住人が隣人のことをまったく知らない状態や住宅街の自治会が崩壊していくという事実は、学校でのいじめやネット上のブログ等の炎上の問題と無関係ではない。目の前に現れる他者との関係を十分に築くことができない人々が頼れるのは、唯一富なのかも知れない。その意味で、消費社会の登場は社会的な暴力性の原因であるとともに結果でもあるのだ。

本書の論点は大きく三つに分けられる。一つは、主として自由主義と暴力性との問題である。そこでは自由主義に埋め込まれた暴力性の問題をできるだけ具体的に説明する。次に、自由主義が隆盛を極めるようになった背景ともいえる、国際関係における覇権の問題である。覇権の衰退がいかに自由主義の隆盛を導くのかという点を中心に議論を進める。最後に、自由主義言説のなかでも、特に最近注目されている人間の安全保障に注目し、批判的な解釈の可能性に言及する。そこではフーコーの統治性の概念などを使いながら、人間の安全保障が「個人」を生み出すさまを描く。

本書の執筆にあたっては、多くの方々の協力を得ることができた。ひとりひとりの名前をあげることはできないが、ここで御礼を申し上げたい。出版に際しては、ナカニシヤ出版の酒井敏行さんにお世話になった。彼なしでは本書の出版が実現しなかったことは、いうに及ばない。ここで感謝の気持ちを表したい。

本書のもととなった研究は、科学研究補助金（基盤研究C 21530139, C 24530185）および文部科学省戦略的基盤形成「アジア・太平洋地域における人の移動にともなう紛争と和解についての総合研究：市民社会・言語・政治経済を通してみる多文化社会の可能性」の研究補助を受けている。また本書の出版にあたっては平成二十四年度龍谷大学出版助成を受けたものである。

寛容と暴力——国際関係における自由主義＊目次

寛容と暴力——国際関係における自由主義

第一章　自由主義、民主主義、ナショナリズム

――現代におけるナショナリズムと「危機の二十年」の比較研究

これまで、ナショナリズムについて多くの研究がなされてきた。その多くは、戦後の思想界の状況を反映して、ナショナリズム＝悪という公式を前提としながら展開してきたといえる。しかし、インドにおけるガンディーの非暴力抵抗運動に見られるように（そこではナショナリズムが植民地支配からの独立という意味で肯定的な文脈で描かれる）[1]、ナショナリズムが悪という概念と等値されるべきなのかどうかについては、必ずしも明確な答えが提示されてきたわけではない。

これまでのナショナリズム研究は、多くの場合ナショナリズムがいかに国家によって操作され、国家主権を維持するために利用されてきたのかという点に焦点が当たってきた。そこでは文化や言語がいかに支配者によってコントロールされ、人々に強制されてきたかという問題が中心的な課題となる。例えば、ネオ・マルクス主義の立場は資本主義批判の枠組みのなかで文化的な側面が果たす役割を明らかにし、それによってヘゲモニーが維持される状況を詳説した[2]。また、国際関係の現実主義の立場においては、公教育やメディア操作などを通して特定のナショナリスティックな言説を普及させよう

という政府の動きが当然なものとして理解されてきた(3)。そしていずれの場合も、こうしたナショナリズムの画一化に向けた動きに対しては批判的な視点が注がれてきたのである。

しかしながら、ナショナリズムの歴史は、必ずしもこうした説明によってそのすべてが明らかになったわけではない。なぜなら、人類史上に残るような輝ける偉業を成し遂げた人々(例えば先にあげたガンディーもその一人であろう)もまたナショナリスティックな思想を否定するどころか、積極的に支持していたということが明らかであるからである。特に戦後のナショナリズム論は、日本においても海外においても、こうしたナショナリズム運動のポジティブな面を取り上げることに非常に消極的であった。そしてこのことはナショナリズムのポジティブな面とネガティブな面との差異を覆い隠してしまい、ナショナリズム研究の最も根源的な問題の一つである、ナショナリズムと暴力と連関の問題についての研究をディスカレッジする結果となっているように思われる。

そこで本章では特にこの暴力とナショナリズムとの関係に注目し、そのメカニズムを解明することを目標とする。この点を明らかにするために、第一にナショナリズム論の概観を提示する。ここでは主として西洋において展開されてきた伝統的なナショナリズム理論を詳細に説明する。第二に十九世紀のヨーロッパにおけるナショナリズムと自由主義の関係を、E・H・カーとハンナ・アレントの議論に依拠しながら検証する。ここで主として十九世紀に注目するのは、ナショナリズムが暴力的に展開した大戦期とそこに至るまでの歴史に注目する必要があるからである。第三に、同様の理由から十九世紀の民主主義言説との関係を詳説し、続いてナショナリズムと国家主権との関係について議論する。そしてその後、将来のナショナリズム研究についての可能性と展望を提示したい。

一　ナショナリズム理論の展開

ナショナリズムの理論を最も早く体系化された形で呈示したのは、おそらくアーネスト・ゲルナーであろう。ゲルナーはいち早くナショナリズムの定義を確立し、その定義は非常に包括的・簡潔であり、最も広範に採用されている定義といわれてきた。その定義とは、「政治的単位と民族的（文化的）単位とが一致すべきだとする一つの政治原理」[4]というものであり、大澤真幸はこの定義に関して「これ以上に遺漏の少ない〔ナショナリズムの〕定義をわれわれがいまだに得ていないことも確かである」と述べている[5]。

この定義の裏側にあるのは、ネーション（Nation）とステート（State）との非常に不安定でありながら同時に切り離しがたい関係である。日本語においては、ネーションは「民族」や「国民」というような言葉をあてがわれ、他方ステートは一般には「国家」と訳される。これら二つの言葉はともに「国」と翻訳することも可能であり、その意味で両者の関係は非常に緊密である。しかしながら、この二つの言葉が共存しているという事実は、ネーションとステートとに微妙なズレがあることも顕在化させる。そしてこのズレこそがナショナリズム研究を悩ませ続けてきた最も根本的な問題である。

この問題は、ナショナリズム研究におけるもう一つの問題と密接に関連している。すなわちナショナリズムの内容についての議論である。近年のナショナリズム研究においては、二つの立場があるというのが通説である。すなわちペレニアリズム（Perenialism）およびモダニズム（Modernism）である。[6]前者はナショナリズムをペレニアルなものすなわち自然発生的で永続的なものであると仮定するのに対して、後者は人間によって構築される人工的なものであるとする。現代においては、主としてアンソニー・スミスを中心に提唱されているペレニアリズムは、ネーションがステートを決定するというイメージでナショナリズムを理解する。つまり、ネーションはアプリオリなものであり、それが核となってステートが構築されることになる。そこでは、ネーション自身は七つの要件を持つとされる。それは以下のようなものである。

一　人類は自然に民族に分かれている。
二　それぞれの民族は独自の特徴を持っている。
三　政治的な権力の究極の源泉は民族であり、その一体性である。
四　自由と自律を求めるためには特定の民族に所属していなければならない。
五　民族の要求はその国家の成立によってのみ達成される。
六　民族国家（Nation-State）に対する忠誠は他のいかなる組織への忠誠よりも大きなものである。
七　世界的な自由と協調の基礎をなす条件は民族国家の強化である。[7]

この要件は、およそ三つの主要な関心に区分けすることができる。すなわち民族の有機的なイメージ、政治と民族の一致という原理、そして国際社会における国家組織の重要性である。

これに対して、モダニズムはベネディクト・アンダーソンやエリック・ホブズボウムなどによって提唱されるナショナリズム理解であり、そこではネーションはあくまでも人工的に構築された概念であると主張される(8)。そしてこの構築プロセスは主としてステートによって行なわれると仮定されている。つまり、ネーションはステートが学校教育や公的な言説を通して作り上げていくものであるとする構築主義的な考え方である。そこでは、民族についての神話や伝説、歴史、事件などがステートによって「発見」され、それが公的な言説によって人々の間に広がることによってネーションが生み出されるのである。この考え方は文化人類学や社会学にとどまらず、国際関係学のなかでも散見することができる。事実、国際関係学のスタートとなった、カーの『危機の二十年』においてもすでに同様の主張を見ることができる(9)。

ここで一つ注意が必要なのは、モダニズムという言葉は現代政治思想におけるモダニズムと完全に一致するわけではないことである。一般に、現代思想におけるモダニズムとは本質主義的な立場をとる政治思想であり、これに対してナショナリズム論に見られるモダニズムすなわち構築主義は主としてポストモダニズムという文脈で語られてきた。つまり、本質主義／構築主義という対立軸から見れば、ナショナリズム論におけるペレニアリズムと政治思想におけるモダニズム、そしてナショナリズム論におけるモダニズムと政治思想のポストモダニズムという組み合わせのほうがより理解しやすいといえる。

現代のナショナリズム論におけるこのペレニアリズムとモダニズムの対立は、少なくとも国際関係学においては先述したように後者のほうが優勢であるように見える。事実、政治学および国際関係学における最近のナショナリズム研究の動向は明らかに構築主義的な立場からのものが多く、ペレニアリズム的な前提を持つ言説は主として政治家や政治運動家のようなより実践的な立場からなされることがほとんどである。[10] ただし、このことをもってペレニアリズム対モダニズムという対立に終止符が打たれたとするのはあまりに拙速であろう。なぜなら、実際に政治的な力を持ちつつあるのは研究者によって支持されるモダニズムではなく、実践的な論客によるペレニアリズムであるように見受けられるからである。つまり、市民の多くによって支持されるのは、さまざまな形で理論的な武装をした学術的な言説ではなく、多くの人々が直感的に理解できるような簡単な構図で語られる政治的言説であるということもできるのである。

このことは、ナショナリズム研究のもう一つの側面へと私たちを導く。つまり、ナショナリズムの理論的な側面と対をなす歴史のなかに埋め込まれた実践的側面である。

二　ナショナリズムと自由主義

E・H・カーはいわゆる「危機の二十年」すなわち一九一九年から一九三九年にかけての二十年間

を分析するなかで、第一次大戦および第二次大戦の原因の一つは十九世紀に広がった自由主義思想にあるとの主張を展開している。彼自身のマルクス主義への知的傾倒を考えれば[11]、彼の主張は多少割り引いて理解する必要があるが、それでもナショナリズムが民族国家の伝統的・文化的要因によって生産されるとする従来のナショナリズム論と一線を画することは特筆に値するであろう。

カーのナショナリズムの分析において自由主義が重要となる理由は、自由主義に埋め込まれた競争原理――それは必然的に強者と弱者を生み出す――にある。十九世紀における安定した自由主義経済体制は、イギリスの絶対的な覇権によって裏打ちされたものであった。しかしながら、その裏で起きていたのはドイツやイタリア、そして日本といった新興産業国の台頭であり、これはイギリスの覇権を徐々に脅かすようになる。そして、さまざまな形でイギリスが、覇権を維持するためすなわち国際関係に現存する秩序を維持するために払った努力は、新興工業国の目には国際的な自由主義に付随しているはずの平等原則を無視し、新興工業国を押さえ込むためのものであると映ったのである。例えば、ヒットラーはその著書『わが闘争』において「政治的な強みから経済的利益を引出し、経済的利得をことごとく政治権力に変容させるというのが、まさにイギリス的政治手腕の特質ではないのか」と、強烈にイギリスの自由主義を糾弾している[12]。つまり新興工業国の目には、自由主義とはイギリスの覇権維持のための詭弁としか映らなかったのである。

自由主義の一つの特徴は政治と経済の分離であり、この流れは十八世紀から十九世紀にかけて活躍した哲学者ジェレミー・ベンサムまでさかのぼることができる。ベンサムは自然科学と対比して道徳哲学すなわち現在の社会科学は相対的に遅れていると感じていた。そして道徳哲学を自然科学のレベルまで引き上げるために、前者に後者の方法論つまり科学的な手法の導入を提唱する。これがいわゆる功利主義である。政治と経済の分離は功利主義の典型的な結果であり、そこでは経済活動を数値化することによって客観的な認識を確立し、同時に主観的と見なされた政治学がそこから切り離される。ベンサムにとっての社会的な善とは数値化された快楽の総計を最大化（「最大多数の最大幸福」）することであり、政治の役割はこの総計の最大化を政策化することであった。[13]

しかしここには一つの問題が隠れている。経済的な善、すなわち集計可能とされた快楽の総計の最大化は必然的に数値化可能なものの優位性を導き、政治と経済とが分離されることを要求しながら同時に経済による政治の植民地化を促すのである。例えば、ベンサムの功利主義を最も端的に表す有名な「最大多数の最大幸福」という言葉は、民主主義をシュンペーターのいう形式的民主主義（Procedural Democracy）へと矮小化し、それ以降の民主主義の定義をハイジャックすることとなった。そこでは形式的民主主義以外の民主主義の可能性、すなわちプラトンの主張するような古典的民主主義（Classical Democracy）の可能性は完全に失われる。[14] リンカーンのゲティスバーグ演説「人民の人民による人民のための政治」としての民主主義は、「人民による」の部分のみ生き残り、「人民の」と「人民のための」の部分は軽視されることになる。そしてその結果、政治は人々の意志の総計の最大化を政策化することのみになる。

ここで一つ注意しなければならないのは、ここでの意志の総計はルソーの「一般意志」とは異なり、あくまでも人間が自分の快楽をもとに合理的に計算した「特殊意志」の総計すなわち「全体意志」であり、社会的善を求める意志ではない。ここにカーの考えた自由主義の問題、すなわち経済的利益による表面的な政治の分離と実質的な植民地化が生み出されることとなったのである。ベンサムによる功利主義的な政治経済理論の展開は、政治の市場化を意味している。有権者は自己の利益（特殊意志）と引き換えに投票する。票は貨幣であり、その見返りとしての個人的な利益が期待されるのである。この市場化は消費社会の論理が政治に適用されることを意味し、それは政治的な視点の短期化を意味する。なぜなら、市場における交換は同時性が絶対的な条件だからである。こうして政治は長期的な視点を失い、経済は投資から消費へとその重点を移していく。事実、大戦前の世界においては各地で消費社会化が見られることを考えれば、消費社会の論理による政治が当時の国際関係の一つのファクターとなっていることは明らかであろう(15)。

また、数値化による社会の分析は、いわゆる文化・芸術といった側面の軽視へと繋がることとなる。鑑賞者に対して絶対的な教養のレベルを要求し、主観と客観が複雑に絡み合う文化・芸術は、数値化という簡潔な評価方法にはそぐわないからである。その結果、数値化可能な社会的要素の優位性とそれ以外の側面の経済理論への従属という形のパーセプション、すなわち経済による政治の植民地化と文化の無視というアプローチがのちの世代へと引き継がれていくこととなる。このことは、文化の神話的要素の強調を意味する。それまでさまざまな形で分析されてきた文化は、数値化の不可能性をもって認識対象からはずれることとなる。科学的な認識の不可能性は、文化概念をラカンのいう「現実界」的なものとし、クリステヴァのいう「アブジェクション」を引き起こす。すなわち唾棄すべきものでありながら同時に抗しがたい魅力を持ったものとしての文化が登場するのである。そしてこの文化の科学と対峙する関係性は、猛烈なナショナリズムへの偏向や日本において見られた「近代の超克」のようなオクシデンタリズム（反西洋主義）の中核を構成することになる。

ベンサム的功利主義の延長線上に展開した自由主義思想は経済的利益の予定調和をその理論の基礎におく。そして完全競争の理論が示すように、自由主義は主体の平等性を暗に前提としている。すなわち市場の参加者は誰一人として需要と供給をコントロールすることはできないとする前提である。しかしこの平等性は、自由主義に埋め込まれた競争の論理によって阻害される。つまり完全競争はそれ自身の論理、すなわち市場経済は資本の集中を否応なく促すという事実によって不完全競争へと向かう傾向を持つのである。このことはマルクスの資本主義についての理論を援用するまでもなく、ジョーン・ロビンソンやJ・M・ケインズなど一部の自由主義経済学者でさえ認めることころである(16)。事実、現代の政治体制においては、公正取引委員会のような不完全競争を阻止するためのさまざまな抑制装置が設置されているが、まさにこのことが完全競争理論の不完全性を証明しているといえるであろう。

しかし、ここで重要なことは完全競争理論の不完全性にあるわけではない。重要なのは、この理論が場合によっては猛烈な暴力と結びつくことである。実際、大戦期の国際社会においては、自由主義の完全競争についての不完全な論理は暴力的な発露を見せた。なぜなのか。ウィリアム・コノリーは、自由主義は自律的な個人を生産するため、一般的な市民が非合理的・非道徳的行動をしたとき、自己に対する憎しみと自責を繰り返し教え込んできたことを指摘している。いわゆる自己責任論である。そしてこの自己に対する憎悪と敵意はより劣位な場所におかれた他者に向かうことによってのみ緩和されるのである。[17] ここに自由主義の暴力性が生み出されることとなる。そしてこのことは、全体主義の起源を研究したハンナ・アレントによっていち早く指摘されていたのである。

二十世紀の全体主義を詳細に分析したアレントは、帝国主義から全体主義へと移行していく社会におけるいわゆる「モッブ」の役割に注目した。アレントにとって帝国主義とは、自由主義思想に基づく資本主義の発展において生み出される余剰な人員と資本の輸出を意味した。そしてこれらに関連する権益を保護するための権力の輸出が必然的にそれに付随する。カーと同様アレントも、ここで政治と経済の分離という自由主義に埋め込まれた前提を批判する。ホッブスの議論を援用しながら、アレントは、政治と経済との分離法則は、人間がそれにあわせて行動している間にしか効力を持たない社会的ルールであるとする。[18] いまでいう批判的な構築主義の立場といえるであろう。彼女によれば、自由主義は資本の蓄積が限界に達したとき、領土拡大の欲求を必然的に招くことになる。アダム・スミスはここで人口の増大によって限界を乗り越えようとし、リカードは比較優位説による外国貿易に抜け道を見つけた。マルクスは社会主義革命こそがこの限界を乗り越える唯一の方法であると提唱したが、アレントはここに帝国主義の契機を見るのである。

ここで海外に移住した余剰人員をアレントはモッブと呼ぶ。彼らは国内社会における余剰であり、ブルジョア社会からの脱落者である。アレントは、このモッブこそが植民地で見られた暴力の主体であると見ている。モッブとはブルジョア社会を映し出す鏡であり、その比類なき暴力性は、偽善的なヨーロッパの倫理的ブルジョア層の裏側に存在するものであった。ブルジョア社会が生み出したモッブが、その社会に埋め込まれた非倫理性を表出させ、体現したのである[19]。

ここでも先述したコノリーの議論が有用である。自由主義社会が競争原理によって成り立っている以上、勝者と敗者を生み出してしまうこと、自由主義自体が平等で自律的な人間像を前提としており、敗者はこの人間像からの逸脱として自己を理解すること、この自己に向かう失望は憎悪へと変わり、それが他者に向かう破壊的な暴力となるであろうこと、これらはアレントの帝国主義についての議論のなかに見事に描写されている。そして当然ながらこの帝国主義の餌食となった地域においては、抵抗思想が展開するのである。

三　ナショナリズムと民主主義

もう一つ大戦期の国際関係を分析するなかでカーが強調するのは、ナショナリズムと民主主義との関係である。民主主義についての理論は、古くはソクラテスやプラトンまでさかのぼることができるが、少なくとも近代においてはロックやルソーといった政治思想家によって展開されてきた。そして非常に興味深いのは、古典的な民主主義論は同時に戦争論と結びつくという点である。これは、ロックやグロチウスあたりの議論にもその萌芽が見られるが、おそらく最も完成した形でこの関係を描いたのはルソーであろう。彼は、一般意志に基づく社会契約説を展開するが、この一般意志の形成過程において戦争の果たす役割を十分に理解していた。戦争が個人的な利益ではなく、社会の利益を中心に考える一般意志を人々に再確認させるのである。そして、対外的な敵対関係が起きたときには愛国心（それは一般意志と非常に密接に関連している）によって人々は喜んで敵と戦うであろうし、逆に紛争それ自身が愛国心を燃え上がらせる、すなわち一般意志をより強固なものにすると考えたのである。(20) その意味で、ルソーはナショナリズムと一般意志とを同義語として捉えていた。

しかし、この民主主義（ルソーにおいては一般意志に基づく社会契約説）とナショナリズムとの関係性は、カーやアレントが十九世紀のヨーロッパに見たように経済発展によって大きく影響を受ける。十九世紀のヨーロッパは、経済発展にともなって新しい階級を生み出した。十八世紀に大きく展開したブルジョア階級（それは「国家の民主化」を導いた）に続いて、十九世紀には労働者階級が顕在化しつつあった。そして、政治体制が民主化されることによって、この新しい階級がブルジョア階級に代わって政治の中心的主体としての立場を確立するのである。これをカーは「ナショナリズムの民主化」と呼ぶ。そして、十九世紀後半においては、この大衆層による社会政策の要求が高まり、ここに「国家の社会化」が達成されるのである。

国家政策の主たる目的はもはや単に秩序を維持したり、いわゆる狭義の公務を遂行したりするだけではなく、国家の構成員の福祉に奉仕し、かれらに生計の資を得せしめることであった……国家の民主化は支配権を握った中間階級が政治的権利を主張することを意味した。ところが国家の社会化は、はじめて大衆の経済的要求を全面に押し出すのである。(21)

こうして国家の主要な役割は、十九世紀末頃には経済の安定やブルジョア階級の所有権の保護から賃金および雇用政策へとシフトしていく。すなわち大衆層の経済的利害が中心となった民主主義が生み出されたのである。カーは次のように続ける。「中間階級の優越から大衆の優越への、或いは自由民主主義から大衆民主主義への移行は、国家の性格に関するかぎり、政治から経済への移行であった(22)」。そして、労働者階級はここに国家との強い結びつきを通してナショナリズムの主体となり、圧倒的な大衆の支持を得ることによって国家は剥き出しの利益獲得競争へと突き進んでいったのである。

アレントはこのカーの議論にさらにもう一つの問題を付け加える。いわゆる「ネーションによる国家の征服」である。ブルジョア階級によって成り立っていた自由民主主義の段階と異なり、大衆が民主主義を支配するようになると、政治はより文化的・歴史的なまとまりとの関連が強くなってくるのである。これは特に、自由主義世界における競争のなかで比較的弱い立場の国々に見られる傾向であり、戦間期のドイツや日本に見られた現象である。国家間関係において、強大な主要国はその法・制度についての絶対的な普遍性を主張することによってその正統性を維持するのに対して、これら強大な国々に対峙した新興諸国は主として合理的制度と対になった精神や文化といった概念を中心にその正統性を主張したのである。そのため、前者における「他者」はあくまでも法制度との関係によって位置づけられたのに対して、後者においては人種や言語、血、精神によって位置づけられた。これが戦間期のドイツや日本において人種差別的なナショナリズム言説が流布した一つの重要な理由であり、これをアレントは「種族的ナショナリズム」と名づけている(23)。つまり、近代西欧によって生み出された政治・法の点で未成熟な制度的側面を持った国々においては、結局「誇りうるのは自分自身だけしかない」という考え方に向かうしかなかった。ここに、功利主義によって計算不可能な現実界として位置づけられた文化がその逸脱性を逆手にとり、自己のアイデンティティのコアとして登場する。こうしてドイツや日本におけるナショナリズムは直接的に文化的な側面と結合されたのである。

こうして戦間期の歴史を振り返ると、自由主義および民主主義とナショナリズムとの間に一定の関係があったことは明らかである。しかしながら、このことは同時に私たちを次の段階のナショナリズム論へと導く。すなわち暴力とナショナリズムとの関係である。なぜなら、ナショナリズムの一番の問題点は、それが容易に暴力と結びつきやすいということであり、ナショナリズムそれ自体の是非にはないと思われるからである。それというのも、一方でたしかにナショナリズムが両大戦やその後の紛争のなかで重要な役割を果たしてきたことは認める必要があるが、ナショナリズムと暴力とを同義語として扱うことはナショナリズムの多様性を阻害してしまうからである。ここでいうナショナリズムの多様性とは、ナショナリズムを背景に持つことによって達成されたさまざまな偉業（そこでは何らかの形で現在でも普遍的な価値を持つと思われる政治的目標が達成されている）を指している。そしてナショナリズムを暴力（それは現在の普遍的な価値と相反すると考えられる）とイコールで結ぶことは、この多様性に目をつぶることになってしまうと考えられる。

四　ナショナリズムと文化論

上述したように、ナショナリズムを文化と政治との関係から定義したのはゲルナーであるが、この定義で見落とされていた側面の一つがナショナリズムと暴力の問題である。本章でここまでに取り上げてきた事象（それは主としてドイツと日本の戦間期をモデルとして展開している）は、ナショナリズムのもう一つの側面すなわち倫理的な側面についてあまり多くを語らない。これは自由主義および民主主義とナショナリズムとの構造的な問題に焦点を当ててきたためでもあるが、同時にこれまでのナショナリズム論においてはその裏側にある倫理的な問題が比較的軽視されてきたという面があることにも注意が必要であろう。特にアレントのいう「種族的ナショナリズム」論においては、文化はあくまでも大衆民主主義による政治によって乱用されてきたという前提がある。これはカーにおいても同じであり、人々の思想や意識はつねに国家によって支配されるものとして描かれているのである。

こうした文化論は、第二次大戦以降の国際関係理論に大きな影響を与えてきたと思われる。なぜなら、ドイツや日本のナショナリズムが文化論・歴史概念と非常に密接に関連していたことから、戦後これらの国々のナショナリズムが否定されることによって同時に文化論や歴史概念もまた取るに足らぬものとしての位置に追いやられてしまったのである。しかしながら、ガンディーの非暴力抵抗運動における文化・歴史の役割を考えれば、これまでのナショナリズム論・文化論と異なる解釈の可能性がそこにあることは明らかであろう。つまり、国際関係とナショナリズムとの研究を行なう者にとっての当面の問題は、ナショナリズムと暴力との関係を解明することであり、ナショナリズムを否定し文化論・歴史論の可能性を拒否することではないと思われるのである。

国際関係における文化論・歴史論を無視することは、単にその理論的包括性を阻害するだけでなく、それらの理論が提示する国際的な平和論の展開可能性までも捨ててしまうことを意味する。より具体的にいえば、第二次大戦の終結によってもまだ解決されていない問題、つまりポストコロニアリズムや現在でも頻発している地域的な紛争（その多くは戦勝国・敗戦国を問わず帝国主義支配や政治経済的権力関係にその起源を持っていると思われる）の原因となっている様々な側面を、敗戦国のナショナリズムに十字架を背負わせることによって隠蔽してしまうと考えられるのである。

例えば、ガンディーの非暴力抵抗運動が西洋近代に対するアンチテーゼとしての意味を持っていたことについて否定する論者は少ないだろう。大衆消費社会に向かってひた走る西洋と一線を画し、近代とは異なる生活形式を求めたガンディーの思想は、明らかに文化論的・歴史学的な分析が重要となる。ガンディーが単に政治的武器としてサティヤグラハ（非暴力抵抗）やアヒンサー（不殺生）を採用したとする理解は非常に合理的ではあるが、同時にガンディーの思想を歪曲して理解する危険を冒すことになるであろう。そしてそれは同時にガンディーが主張した西洋文明に埋め込まれた問題を包み隠してしまうのである。ガンディーの反西洋思想は比較的広く知られるところであるが、同様の議論を戦前・戦中期の日本の知識人層も展開していたことはあまり知られていない。事実、当時の知識人たちが提示した問題、すなわち西洋文明の自己中心性、暴力性、自由主義に彩られた欺瞞等々はいまでも十分に研究に値する。廣松渉は京都学派を徹底的に批判的に捉えながらも、その批判の書を次のような文章で閉じている。

> 東洋的無の改釈的再措定にせよ、西洋対東洋という二元論的構案を超えるべき世界的統一の理念にせよ、はたまた、西洋中心的な一元的単線的な世界史観に対して複軸的な動態に即して世界史を把え返そうとした意想、降っては、個人主義対全体主義、唯心論対唯物論、模写説対構成説、等々、等々の相補的二元主義となって現れる近代思想の平準そのものを克服しようと図った志向にせよ、往事における「近代の超克」論が対自化した論件とモチーフは今日にあっても依然として生きている[24]。

しかしながら、ガンディーと京都学派は現在のオーディエンスによって完全に対極的な形で理解されている。ガンディーは平和をもたらした偉人であり、京都学派は戦争に加担した戦争犯罪人である。では、西洋合理主義・ブルジョア自由主義に対峙する文化論を提示したガンディーと、逆に文化論的に西洋合理主義を批判しながらも結果的に西洋合理主義に巻き込まれていった京都学派を分かつものはいったい何なのか。

五　ナショナリズムと暴力

ガンディーと京都学派はともに反西洋近代という意味で明らかに共通点を持っている。しかしながら、ガンディーは暴力を否定した抵抗運動を展開したのに対して、京都学派は明らかに暴力を肯定する形でその思想を展開した。ガンディーが「真実」の多様性とその「真実」をつかむための対話を強調したのに対して、京都学派は「真理」が自己にあることを確信していた。そしてこの両者の違いが、暴力の否定と肯定を導いたと考えられる。

では、暴力と真実／真理はどのように繋がっているのか。今村仁司は究極的には人間の存在それ自身が暴力的であるという。

人間の「そこに-ある」を現-存在というなら、その「そこに＝現に」は、根源分割であり、無形の何かに分断線を刻むことである。人間的現存在は、人間的存在とそれがそのなかに存在する世界を区別しながら出現させる否定的行為である。人間とは分割作用である。したがって人間とは根源的な否定態である。根源分割という否定態であるという事実によって人間は、語り得ないという意味での無限すなわち絶対無限を、存在感情と言葉によって純粋存在に変換し、存在と存在者の区別を言葉のなかに定着させる。[25]

つまり今村によれば、人間が存在することは必然的に他者を生み出すことであり、自己と他者との間に境界線を引くことそれ自体が暴力なのである。ではこの暴力はどのようにして生み出されるのか。今村は次のように述べている。

（1）根源分割線によって、語り得ない無限のなかに距離が生まれる。語り言う行為の可能性が生まれる。

（2）無限無形のものに最も近くあり、それからの距離が最も近い言葉は固有名である。固有名は根源分割の痕跡（足跡）である。痕跡は分割線が言葉の中に刻んだ線である。痕跡は根源分割の派生態である。

（3）記号の体系。固有名を記号に変換するとき、固有名はたんなる普通名に転換する。記号組織は派生の派生である。語り得ないものを真実（真理、真如）とするなら、人間の言葉と言葉の組織化（言説）は真実からすでにつねにずれている。このずれをもつ言葉を比喩と呼ぶ。人間の言葉は本来的に比喩である。にもかかわらず人間はこの比喩を本質とする言葉によってしか真実を把握できない。学的言説といえども、本性上、比喩的であり、真実から遠い。[26]

今村によれば、言葉による根源分割の定着化は同時に暴力的でもある。そして、人間は本来的に言語的な動物である限り、人間は真実を把握することはできない。この言葉の機能については近年、フランス現代思想などで特に理論的な展開が見られるが、これは必ずしも新しい理論的な展開ではなく、仏教などの宗教においてもこの言葉と真実との問題は古くから議論されてきた。そしてこの問題には出口がない（まさにこの理由によって言語と真実の問題はいまでも議論されているのであるが）ことから、絶対的な真実の可能性が否定されるのである。

つまり、ガンディーにおいてはまさにこの点が明確に認識されていたのに対して、京都学派においては明らかに見過ごされている。ガンディーは暴力を肯定するだけの真実をつかむことが非常に困難であることから暴力を否定したが、京都学派はこの真実をつかんでしまった（少なくとも本人たちはそう認識していた）ことが、両者に異なった道筋を与えたと考えることができるであろう。

そしてこの点と関連してもう一つ重要なのは、両者の他者とのかかわり方である。ガンディーはイギリスに留学した経験を持ち、その後に彼の交渉相手となった大英帝国を直接経験している。そこでさまざまな人々と出会い、議論を交わしたことが彼のサティヤグラハに影響したことは容易に想像できる。京都学派の面々もまた留学経験を持っている。しかしながら、そのほとんどがドイツへの留学であり、彼らが「西洋」として戦った「敵」、すなわちアメリカやイギリスの人々との交流経験は非常に限られていた。ここに自己と他者との対話不可能性が措定されるのであり、これは徹底的に交渉にこだわったガンディーと好対照をなす。ともにディアスポラとしての経験を持ちながら、「敵」とのかかわり方に関しては正反対の形となっていたのである。
ただし、このことをもってインドの非暴力運動を手放しで賞賛するわけにはいかない。なぜなら、インドの独立が達成されたあとの暴力の嵐という問題がそこには待ちかまえているからである。この非暴力抵抗のあとの暴力という問題はインドに限られない。例えば、同様に非暴力抵抗を展開したデンマークにおいても戦後の暴力の問題は隠蔽されてきたが、最近になってその全体像が徐々に明らかになりつつある。そこでは、ナチスに協力したという罪状によっておよそ五十人弱の人々が処刑されている。そして、そこでの問題はこの罪自体が戦後に法制化されたものであり、刑法の根幹である不遡及の原則を無視して適用されたところにある。[27]
つまり、ここで重要なのはナショナリズムと暴力との関係が明らかに国家の維持もしくは国家の成立という契機を通して繋がっているように見えることである。フーゴー・グロチウスは、国際法による協調的世界像を描きながらもそこに「正戦」の存在する余地を残した。[28] カントは永劫平和を目指す世界には戦争もまた必要であることを述べた。[29] マックス・ヴェーバーは国家を合法的な暴力の独占という文脈で定義した。[30] 換言すれば、これまでの政治思想および国際関係思想において、国家による合法的な暴力の独占は一度も否定されたことはないのである。そして、ウエストファリア体制における不干渉の原則の下では、この暴力の行使（それが国内であろうと対外的なものであろうと）を非合法化することはほとんど不可能に近いということができる。そして、その状態においてナショナリズムと国家が結びつくことは必然的に爆発的な暴力の可能性を開いてしまうといえるであろう。そして今後のナショナリズム研究は、いかにしてこのナショナリズムと暴力との関係を断ち切ることができるのかというところに注目する必要があると思われる。

政治経済学という観点から重要なのは、ナショナリズムが国家の成立にともなって明文化すなわち法制化された途端に暴力的な契機を生産することである。そこでは本来曖昧であるはずの文化的・民族的境界が固定化され、少数者を排除することとなる。民主主義をベースとするナショナリズムは必然的に大衆運動となり、圧倒的な多数派を構成する。これは同時に民族的・文化的画一化を要請し、そこに他者を生み出す。この他者は、民族的他者の場合もあれば、国家に「貢献」できない人々という形での他者の場合もある。後者の例としては、ナチズムで展開された非労働的・非生産的人々に対する徹底した抑圧つまりホロコーストの犠牲者たち、すなわち政治犯、ユダヤ人、精神障害者、ホモセクシャル、身体障害者、ロマの人々などがあげられる。またナチスドイツでの禁酒禁煙教育の徹底や戦中期の日本における健康増進運動などが非生産的な人々の再教育という意味を持ったことにも注意が必要であろう。アウシュビッツの門に掲げられた「労働は自由をもたらす」（Arbeit Macht Frei）という皮肉な言葉はいかにナチスが「労働」にこだわったかを示し、またホロコーストの犠牲者の一人であるアレントがこの労働という概念を徹底して批判したことも、少数者の排除が労働概念といかに緊密に連携しているのかを表している(31)。

この労働に関連して重要なのは、アリストテレスが指摘したゾーエ（Zoe）とビオス（Bios）という二つの生命概念である。前者は単なる動物的な生命を表し、それは労働概念と直接的に繋がっている。

これに対して後者は、動物と人間とを分かつもの、すなわち思考と関連し、それは言論を通した活動として私たちの前に現れてくる。この二つの生命概念を援用しながら、アレントは近代においてはゾーエのみが生命として定義され、ビオスという概念が忘れ去られようとしていることを指摘している。そしてそれは労働が活動を凌駕しだしたことを意味し、そこではアレントのいう民主主義を担保する多数性が画一化によって取って代わられることとなる。[32] そしてまさにこの画一性が暴力の源泉となるのである。なぜなら人間の多数性（それは必然的に「真実」の多様性を意味する）は必然的に対話を導くと考えられるが、画一化された社会における差異は対話ではなく排除によって解決されるからである。

ナショナリズムと直接的に結びついた国家は、人々に対して国家への忠誠を求め、活動家ではなく労働者となることを要請し、それを明文化・法制化する。そしてこれは同時に活動家たちを法の外へと追いやり、国家による合法的な暴力のターゲットへと変化させる。ジョルジョ・アガンベンが「ホモ・サケル」と呼んだ社会的に抹殺された「生ける死者」である。[33] アガンベンがこの概念をもって説明するのは、グアンタナモ基地における「囚人」たちへ加えられた拷問であるが、その裏側にホロコーストの存在があることは明らかである。

この排除の動きは自由主義社会のなかで生み出された脱落者に「更正」の機会を与える。アレントのいう「モッブ」である。そしてこの更正は猛烈な暴力性を孕むものである。なぜなら、先に述べたように自由主義は必然的に序列化を導き、ブルジョア社会に埋め込まれた暴力が増幅しながらより劣位の主体へと受け継がれていくからである。そしてそこでは確立された法・命令によって他者に暴力を加えるという人間としての倫理に背くことが、あたかも社会復帰を意味するかのように理解されることとなる。そこでは倫理性は「誘惑」として捉えられ、その誘惑に打ち勝つことが法の社会における更正を意味するのである。

彼らの「倫理的」努力は、辱め、拷問し、殺してはならないというこの誘惑に抵抗するという仕事にむけられていた。同情や共感という自発的な倫理的本能に背くことが、私が倫理的に偉大であることを示す証拠に変わる。私は義務をまっとうするために、他人に苦痛を与えるという重荷を引き受けるのだ(34)。

これはジジェクがナチス親衛隊の心理について述べたものであるが、まさに法の確立による倫理性の無視すなわち他者の疎外という新たな倫理性に基づく暴力性の発露は、ここに確立されるのである。

六　結　語

ナショナリズム研究は近年非常に注目を集めている。これには単に西欧や日本においていわゆる新保守主義がナショナリスティックな言説を流布させているという現象だけでなく、冷戦終焉後に世界各地で見られるエスニックな紛争や文化的・宗教的な紛争といった問題が背後にあることは明らかである。しかしながら、これまでのナショナリズム研究はあくまでもナショナリズム＝悪という図式のなかでのみ展開されてきたように思われる。そこでは、ナショナリズムがどのように生み出されるのかという問題に関しては、非常に多くの理論が提示されてきたが、それがどのように暴力と結びつくのかという問題に関しては、意外に研究が進んでいないように見受けられる。ナショナリズムと暴力との関係があまりにも明白であると考えられてきたのである。本章は、こうした一般的なナショナリズム論に対して疑問を呈し、その前提をもう一度検証することによってナショナリズム論の新たな展開を目論見たものである。この目的がどの程度達成されたかの判断は、個々の読者に委ねるしかないが、ガンディー、京都学派、デンマークなどの事例を出すことによって、ある程度議論の要点は説明できたのではないかと思う。しかしながら、本章はあくまでもナショナリズムと暴力との関係についての理論的な展開の可能性を示したに過ぎず、私たちがこの分野の研究をさらに進めていかねばならぬことは明らかである。なぜなら、この研究が進展しない限り、多くの非暴力的な紛争解決のための交渉がナショナリズムの名の下に否定され、結果的に暴力的紛争へと発展するという現在の国際関係の情況は改善されないであろうし、これを理論的に解明することは国際関係理論が真の平和に貢献するための礎石となるからである。

第二章　ラディカル・デモクラシーとデモクラティック・ピース論

――政治的ラディカリズムと国際関係

　ポストモダニティーにおける民主主義とは何なのか。絶対的なものの存在が否定され多様性の嵐が吹き荒れるいま、そしてバーンスタインが「理性への憤怒」(1)と呼ぶものが私たちのなかに埋め込まれつつある現在、はたして民主主義という言葉は何を意味するのか。そしてそれは政治学・国際関係学研究のなかでどのような意味を持つのであろうか。一九九〇年半ばに出現したいわゆるラディカル・デモクラシー論はこの流れのなかでの貴重な挑戦として捉えることが可能であろう。では、寛容さをモットーとする伝統的な自由民主主義理解からの劇的な離別を意味するこの言葉は、いったい何を意味するのであろうか。

　これまで流布してきた伝統的な自由民主主義論は近代合理主義に依拠し、それが提示する主体像を批判的に考察するラディカル・デモクラシー論は、理性に対する肯定／否定という二項対立を乗り越えたところに何かが存在することを前提としている。そこでは自由主義対社会主義という対立項に基礎をおく冷戦構造が崩壊したあとの、新しい民主主義像が提示される。この清新な民主主義論がどの程度の成功を収めたかについては議論の余地があるだろうが、現在の民主主義に幻滅し、これを乗り越えようと模索する人々にとって重要な試みであることは間違いないであろう。

本章が試みるのは、主としてラディカル・デモクラシー論が出現した背景を検証し、その内容を再認識し、国際関係という文脈に置き直すことによってそのさらなる発展の可能性を探ることにある。そこでは、近代主義に基づく批判的な民主主義論とポスト近代主義によって立つポストモダンな民主主義論とをともに包摂するラディカル・デモクラシー論の持つ潜在力と複雑さに注目し、同時に国際関係学・国際政治経済学との関連のなかでこの民主主義論が持つ意味を考えていきたい。

一　民主主義という夢と経済による政治の植民地化

政治経済学のなかで民主主義という言葉を検証するにあたっては、シュンペーターの定義からスタートすることが最も適切であろう。彼の定義する民主主義の理念型は、単純であるが同時に非常に使いやすいものであるからである。彼の議論は比較的シンプルであり、民主主義を二つの理念的なカテゴリーに分けるものである。すなわち古典的民主主義（Classical Democracy）と形式的民主主義（Procedural Democracy）である。前者はプラトン的哲学者を前提とした、人々のための政治であり、後者は選挙を通した人々による政治を意味する。前者は結果、すなわちある特定の政策が人々の利益すなわち公益にかなったかどうかという点、に重点をおき、後者は、結果はさておきどのようにしてその政策の意思決定が行なわれたかというところを重要視する。(2) 近代以前の西欧における政治学のなかで圧倒的に主流であったのは前者であり、それがとりもなおさず主権者の絶対的な権力の一つの礎となっていたことは瞭然たる事実である。これに対して後者の解釈における民主主義は二十世紀になって特に強くなってきた流れであり、現在一般的に理解されている民主主義とはこの形式的な民主主義を直接的に意味している。

この二つの民主主義解釈はその決定方法という点において往々にして非整合的であった。多少荒い言い方をすれば、この二つは画一性と多様性、同一性と差異という近代につきものの二項対立として理解することが可能であろう。すなわち、絶対的な真理に基づく「正しい」選択としての政治経済政策か、それとも多様な人々のパーセプションに基づく政策の決定か、という対立である。言葉を換えれば、それは普遍的自由と個別的自由との対立であった。この問題は、ある意味哲学の歴史全体を貫く中心的なアポリアであり、一応の最終的解決を達成したのはヘーゲルであったことは言を待たない。シャンタル・ムフや日本においては千葉眞などによって代表されるラディカル・デモクラシー論が注目するのも、前者と後者との矛盾にあるということができる。例えばムフは民主主義の現在を語るなかで次のように述べている。

近代民主主義を構成しているものは、すべての人間が自由で平等であるという主張であるが、このことを認めるならば、それ以上に根源的な（Radical）社会構成原理をみいだすことができないことは明らかである。それゆえ、問題なのは、近代民主主義の理念なのではない。民主主義を自認する社会においても、その政治的諸原理は実現にはほど遠い、という事実なのである。(3)

では、何がこの政治的諸原理の実現を阻んでいるのであろうか。千葉眞もムフと同様の議論を展開し、経済的な利益が民主主義の機能を減退させ、それによって人々が民主主義に幻滅し始めているという認識を表顕する。

大衆消費社会を背景とした民主主義の苦悩——大衆民主主義状況——はわが国だけでなく、わが国よりはるかに長い民主主義の伝統をもつフランス、イギリス、アメリカ合衆国においても、共通に見られた問題状況であった。というのも、これらの西洋諸国においても「民主主義的諸価値の危機的な腐食」が生起したのであり、とりわけ議会制と政党制という自由民主主義の主要な諸制度の機能障害は、どの国でも深刻に問題化してきていたからである。「後期近代」と特徴付けられる今日的状況において民主主義者は、実際の民主主義的状況への幻滅感を、少なくとも認識のどこかにしっかりと刻印しておかざるをえないであろう。(4)

すなわち、もし人々のための政治をその社会における「自由と平等」の達成と理解すれば、問題はその理念が形式的な民主主義という手続きを通して達成されていないというところに存在することになる。事実、フランス革命後の恐怖政治、同じくフランスの一八四八年革命期に導入された普通選挙後のナポレオン三世による第二帝政、人類史上最高の民主主義体制といわれたドイツのヴァイマール体制から出現したナチス、日本における普通選挙法成立後の軍国主義、というように民主主義体制の確立が強権的な政治体制へと繋がった歴史は多く見られる。

そしてムフにおいても千葉においても、この理念と結果との乖離の根源的な原因は「自由民主主義」が狭義に理解されてきたという点にもとめる。これまでの政治学においては自由主義と資本主義とが同義語として扱われ、あたかも自由民主主義が資本主義に依拠して成立しているかのように語られてきた。この状況を打破し切り抜けるために、ムフはあらためて自由主義を解釈し直すことを主張する。

自由主義は一般に、私的所有と資本主義経済を擁護することと同一視されてきた。しかしこうした同一視は、幾人かの自由主義者が論じてきたように、必然的なものではない。それはむしろ、両者を接合しようとしてきた実践の帰結なのであり、したがって、切断することのできるものなのである。政治的自由主義と経済的自由主義とは相互に区別され、分離されなければならない。自由民主主義に特有な政治形態を擁護し尊重することは、われわれが資本主義経済システムにコミットしなければならないことを意味しない。(5)

この自由主義における政治の経済による支配という認識は、他の多くのラディカル・デモクラシー論者に共有されている。例えば、ハバーマスのコミュニカティブな民主主義の議論も同様の前提を持っている。すなわち経済的なファクターによって政治および市民社会が植民地化されているという議論である。[6]そのため、この立場を援用する論者たちは主として経済的活動による公共空間の植民地化という文脈で現代社会を捉える傾向がある。例えばエーレンベルグは「公的コミュニケーションはいまや商業に受容される方向に向かうが、それは、広告やスペクタクル番組が、公共圏を中立的討論領域から画一性への追従に転換させたからである」と述べている。[7]

しかしながら、ソ連型社会主義の崩壊という歴史的事実後の世界において、オルタナティブな政策の供給者としての左派に残された道はまったく異なった経済社会制度の構築ではない、とムフは主張する。[8]それは自由と平等という近代自由民主主義の理念に基づく社会の再構築なのである。

このことは、国際関係学のなかでも比較的早くから議論されてきた。すなわち、ウィルソニアン理想主義――それは国際法に基づく不戦体制を意味する――とブレトンウッズ体制を擁護する自由貿易を前提とした政治経済理論との矛盾という形で指摘されてきたものである。特に七〇年代の固定相場制から変動相場制への移行以後、自由経済体制による政治的自由主義の植民地化が顕在化し、国際法体系は自由経済体制の保証人となることが主たる役目になった。すなわち、貿易や投資が効率的に行なわれるための「適切なクライメート（経済環境）」を提供する役割が、国家および国家間システムによって担われることになったのである。

こうして国際関係における政治的自由主義と経済的自由主義との関係は大きくバランスを崩し経済的利益による一方的な支配が明らかとなってきた。さらなる富を求める経済的な欲望は、二十四時間休むことのない投機的な金融取引を通して国際政治経済という場所に表出し、経済的自由主義言説はこれを需要と供給の理論を通して達成される最も効率的な金融資源の配分と名づけ称揚する。しかし、この状態に対しては多くの批判がなされてきた。例えばスーザン・ストレンジは「カジノ資本主義」という言葉を使って批判を加え[9]、スティーブン・ギルはより大きな視点から規律的自由主義とこれを名づけた[10]。もちろん、近年注目を浴びたネグリとハートの帝国論[11]もその一つとして理解することも可能であろう。そして、このなかでギルはポストモダン・プリンス、ネグリとハートはマルティテュードというカウンター・ヘゲモニックな運動に注目し、それは直接的にNGO（非政府組織）やCSO（市民社会組織）の世界規模でのネットワークを指し示した。これが国際規模でのラディカルな民主主義を担保すると考えられたのである。

二　戦略としてのラディカル・デモクラシー論

では、ムフに代表されるラディカル・デモクラシー論者たちの描く民主主義とは具体的にどのようなものなのであろうか。この文脈で興味深いのは、必ずしも一貫したラディカル・デモクラシー論というものは存在しないということである。現在、一般に流通しているラディカル・デモクラシーの解釈は、千葉眞によって類型化された五つの議論を基礎としているといってもよいであろう。千葉は、ラディカル・デモクラシーは以下の五つのタイプに分けることが可能であると述べている。第一に市民の参加と自治とシティズンシップの観点に基づく参加民主主義があげられる。この議論はムフに代表されるもので、日本においても鶴見俊輔や小田実に代表される市民参加型の民主主義が親近性を有するとされる。第二に、ハバーマスに代表される法治主義と立憲主義に基づく「審議的デモクラシー」がある。ここにはセイラ・ベンハビブなどもカテゴライズされている。第三に千葉が類型化するのは、社会民主主義の流れからグラムシやギデンズの議論を援用したデモクラシー論である。千葉の議論ではD・トレンドの『ラディカル・デモクラシー』[12]がその代表的なものとしてあげられている。第四のアプローチはビル・コノリーを筆頭とするポストモダニズム的な抵抗の企てであり、そこではフーコーなどの議論を使って、支配的な政治・システム・文化・知に対するゲリラ的な抵抗が称揚される。そして最後にアイリス・ヤングに代表される「差異の政治」があげられる。そこではカルチュラル・スタディーズとの連携に基礎をおいた、不当な差別・疎外・抑圧への抵抗と少数民族やエスニック集団による自分たちの文化的アイデンティティや差異の承認が要求される[13]。

この一連のリストを見てまず驚くのは、ラディカル・デモクラシーという名の下にカテゴライズされる議論の多様性である。一方で、ハバーマスのようないわゆる近代主義の伝統のなかに位置すると自認する論者と、他方、ポスト近代主義者として理解されているコノリーなどの論者とが同一のカテゴリーに類型されているさまは、これらの議論に精通していない者であっても、一種の違和感を持つであろう。すなわち、第一の類型から第三の類型は主として近代主義の流れの上にあり、第四および第五の類型においてはポスト近代主義／ポスト構造主義が色濃く反映されているといえるであろう。では、なぜラディカル・デモクラシー論はこのように拮抗するさまざまな議論を包摂しなければならないのであろうか。

ムフは次のように述べている。

それが提起するのは、マルクス主義的社会主義と社会民主主義との二つの陥穽の回避を模索する社会主義のプロジェクトの再構成にほかならない。それはまた、政治的左派に新しい構想力を供給することを目指すものであるが、その構想力は、偉大な守株の解放闘争の伝統に訴えつつも、同時に精神分析や哲学による最近の理論的貢献をも考慮に入れるものである。事実上、そうしたプロジェクトは、近代的でありながらも、同時にポストモダン的でもあると規定できるであろう(14)。

ラディカル・デモクラシー論の代表選手であるムフの議論を細かく分析すれば、逆にこうした多様な議論こそがラディカル・デモクラシー論の根底にある特徴を表していることが明らかとなる。すなわち、この議論は主として保守的に走りつつある世界政治の状況に左派の立場から警笛を鳴らすという戦略的なモチベーションに基づいているという特徴である。事実、ムフは、先の引用文に明らかなように、左派という自己認識を強く表に出したうえでその議論を展開している。そして左派のなかに見られたモダンとポストモダンとの間に横たわると考えられてきた共約不可能性を乗り越えるものとしてラディカル・デモクラシー論を展開するのである。

彼女は、自由民主主義社会の原理、すなわち自由と平等とを自らの公理とすべきであるとし、それこそが「左派のプロジェクトを再生させる唯一の希望」であると主張している[15]。すなわちラディカル・デモクラシー論は、一方で千葉が指摘するように、無関心・政治的受動性・政治的無責任という言葉によって表象される大衆民主主義状況の克服という面を持ちながら[16]、他方で左派プロジェクトの再生といういたってプラグマティックなモチベーションをその背景に隠し持っているのである。

その意味で、このプロジェクトは右派／左派という旧来の政治構造を再生産しているものとして理解することも可能である。ただしこの再生産において注目すべきは、このプロセスが単なる再生産ではなく、そこには微妙なズレが包含されていることである。そして、国際関係学との関係のなかで注目したいのは、こうして生み出される構造化の副産物にある。すなわち新たなデモクラシー論の登場によって、これまで空想的であると非難されてきたデモクラティック・ピース論に新たなディメンションを加えることが可能となると考えられることである。では、ラディカル・デモクラシー論の登場によってデモクラティック・ピース論はどのような展開を見せるのであろうか。

三　ラディカル・デモクラシー、デモクラティック・ピース論そして暴力

デモクラティック・ピース論は、ビル・クリントン大統領が一九九四年に一般教書演説で取り上げたことでも有名な、自由主義的国際関係理論である。一般的に流布しているデモクラティック・ピース論は、戦争は民主主義国家同士の間では起こりにくいという認識に基づいて唱導されてきた。マイケル・ドイルに代表される自由主義論者たちは、民主主義国家と独裁国家との間には戦争は頻繁に起きているが、民主主義国家同士の間における紛争は劇的に少ないと主張する(17)。その結果、覇権的な国家が世界全体を民主化していくということが直接的に世界平和の維持に寄与するというシナリオが生み出される。

この議論が支配的な覇権国による一方的な内政干渉という文脈で乱用されてきたことは自明のことであるが、それでもこの理論の影響力はいまでも衰えていない。事実、近年のアメリカの政権は、共和党、民主党を問わず世界の民主化を主要な外交政策にあげているし、近年の「北朝鮮問題」にまつわる言説を考えても、あたかも北朝鮮が民主化されることが安定した東アジア国際関係の前提条件であるかのように議論されてきた。逆にいえば、北朝鮮が核開発という「非合理的」な行動を起こす所以は、その独裁的な政治体制にあると想定されているのである。そこで、言外に仮定されているのがこのデモクラティック・ピース論であることは明白である。また、イラク戦争の正当化という文脈に

おいても、まったく同様の議論が見受けられた。このことは、民主主義国家においては合理的な国民が戦争に反対するという稚拙なイメージの力が、いかに強いものであるかを物語っている。

同様の議論は、トマス・フリードマンの「黄金のM型アーチ理論」にもいえる。リチャード・コブデンの議論の焼き直しと考えられるこの議論は[18]、自由主義経済——それはとりもなおさず資本主義を直接的に意味している——が浸透した国家同士は戦争をしないという単純なものであったが、この論理は冷戦後多くの人々の関心を集めた。マクドナルドで食事をしていたときに思いついたといわれるこの理論は、その極端な単純さゆえに容易に社会のすみずみまで浸透し、自由主義政治経済の絶対的な擁護者としての位置を確立した。

これらのいわゆる自由主義的な平和論は、その起源をカントに持つことはいうに及ばないであろう。いわゆる永劫平和論の第一確定条項（「各国家の市民的体制は、共和制でなければならない」）が表す世界平和の前提条件が、現代のデモクラティック・ピース論に大きな影響を与えたことは明白である。

しかしながら、これまでのデモクラティック・ピース論には致命的な問題があった。すなわち、民主主義国家は戦争をしないという仮定が、人類の歴史を振り返るとき、経験的に否定されてきたという問題である。そこで頻繁に持ち出される例として、ヴァイマール体制下におけるナチズムの勃興や戦後アメリカによる一連の暴力的な他国への介入がある。こうした事例は、民主主義国家が必ずしも平和的ではないこと、場合によってはより戦闘的な態度を見せうる可能性があることを示唆しているとされる。この批判は当然であり、その意味でデモクラティック・ピース論は理想主義的な絵空事として片付けられてきた。例えばカール・シュミットは、民主主義が同質性の支配、異質なものの排除・絶滅に向かう傾向があることを指摘しており[19]、また、E・H・カーも同様の現象を「ナショナリズムの民主化」という文脈で指摘し、それが第一次・第二次世界大戦に見られる、国民を総動員した全面戦争の一つの原因となったことを指摘している[20]。

しかしラディカル・デモクラシー論、特に千葉が指摘する四番目および五番目のカテゴリーに属する議論は、この文脈で大きな意味を持つと考えられる。このことを説明するためには、まずこれらの議論がどのようにこれまでの民主主義論と異なるのかが具体的に説明されなければならないであろう。ここで鍵となる概念は、多数性／多元性である。ただしこの概念は、政治学や国際政治などで——特に自由主義や多文化共生論のなかで——一般的に議論されてきた多数性／多元性／多様性とは大きく異なっている。これまでの多数性／多元性は異なる国家間・社会間・個人間の差異を取り上げ、それらの非画一性をもってその根拠としてきた。特に多文化共生論においては、文化が本質的で固定的なものとして描かれ、それらを対等な存在として受容しなければならないという規範的な議論が展開されてきた。これらの議論のなかで多数性／多元性／多様性は多数の合理的で統一された主体の間に存在する（しなければならない）ものとして取り上げられてきたのであり、それら主体の内面的な多様性についてはほとんど取り上げられることはなかった。自由主義が個人の多様性については敏感であったという事実は、同時に個人を自律的で同時に自己完結的な存在として想定していたことを含意している。これに対して、コノリーに代表されるポストモダンな民主主義論はこの視点から大きく離脱し、主体の内面的な非画一性に焦点を当てる。この内面的な非統一性／非画一性への着目は非常に重要である。なぜなら、このことは「個人の多様性」という近代主義的な前提を分解し、その主体に埋め込まれた暴力性を減退させるからである。

では、なぜ内面的な多様性が主体の暴力性を切り崩すのか。この点に関して齋藤純一は次のように述べている。

ひとは、自らのアイデンティティを形成するために排除した他者性、またそうした負の価値を体現する具体的な他者に大きな関心を寄せざるをえない……。一般に、「合理的なライフプランの実現」（ロールズ）は、その実現を阻み害するとみなされる自らの内部の不適格、不適合な要素を極力遠ざけていくプロジェクトを必要とする。(21)

この議論は、コノリーの自由主義についての議論と呼応している。第一章でも触れたように、コノリーは、自由主義は自律的な個人を生産するため、一般的市民が非合理的・非道徳的な行動をしたとき、自己に対する憎しみと自責を繰り返し教え込んできたことを指摘している。そしてこの憎悪と敵意は外側に向かうことのみをもって緩和された。すなわち異なるものへの憎悪と敵意である。(22) この排除のプロジェクトは必然的に他者への暴力をともなう。なぜなら、この他者は同時に自己に対する脅威でもあるからである。

そうした排除・否定のプロジェクトは、異質な他者への寛容の内面的な基盤を切り崩さずにはいない。というのも、自らが（しばしば長い努力の末に）排除した不適格・不適合な価値を顕著に表す他者は、自らの優位を確証してくれる劣位のアイデンティティとしてのみならず、自己の秩序への疑いを体現する不穏な脅威としても現れるからである(23)。

もし、ラディカル・デモクラシー論がこの個人の内面的な多様性／多元性を前提とするのであれば、この新しい民主主義論は国際関係学に非常に大きな価値を持つ。なぜなら自律的な人間に内在する暴力性の問題にまったく関心を示してこなかったデモクラティック・ピース論に、暴力性という新たな言語を刻み込むものであるからである。つまり、民主主義国は紛争を起こしにくいという単純な議論に、主体性についての付帯条件が加えられることになるのである。

四　ラディカル・デモクラシー論／デモクラティック・ピース論にまつわるいくつかの問題

では、このラディカル・デモクラシー論は、左派政治勢力にとってもろ手をあげて賛同すべきものなのであろうか。こうした無批判な受容は、ラディカル・デモクラシー論者たちがまさに忌み嫌うものであろうことは明らかである。なぜなら、新しいデモクラシー論がよって立つ一つの支柱は、自己批判的なパースペクティブであるからだ。千葉は、ラディカル・デモクラシーのライバルとして大衆民主主義状況およびその前提としての大衆消費社会を配置するなかで、ラディカル・デモクラシーは旧来の左派が主張してきたような「あたかも自分たちは大衆消費社会の外部に立脚点を措定しつつ、外部から大衆社会の批判をなしうるとの前提」を共有するものではないと主張している[24]。つまりそれは、「内在的かつ自己批判的な批判を志向する」ものとして定義されるのである[25]。その意味で、ここでラディカル・デモクラシー論およびデモクラティック・ピース論との連合という新たな言語の創出によっても解決されないまま残された問題点を指摘しておくことは肝要であろう。

ここで第一に指摘しておきたいのは、ラディカル・デモクラシーの空間の問題である。こうした集団的／個人的アイデンティティに焦点を当てる議論は、必然的にデモクラシーが成立すべきであるとされる空間の問題を顕在化させる。これまで狭義の政治空間に限定されてきた民主主義は、いまや市民社会を巻き込む形で拡大しつつある。ラディカル・デモクラシー論の一つの問題点はまさにこの政治空間という概念にまつわるものである。すなわち、もしこの新しい民主主義論が、一般的な民主主義論と同様に民族国家を前提とし、国家的な空間における意志決定の問題に関心領域を限定するのであれば、これまで国家という概念が生み出してきた問題群を再生産する可能性が大きいと考えられるのである。

民族国家は極めて近代的な制度である。ウエストファリア条約に基づく相互不干渉の前提は、必然的に外部の他者の存在を前提としてきた。そして、国家による暴力装置の独占的な所有は、この他者に向けた強烈な暴力と直結してきた。その意味で、もしラディカル・デモクラシーが国境に囲まれた内側の空間のみを前提としているのなら、そして左派プロジェクトとしての戦略的な問題に奔命し、アイデンティティの問題を軽視するなら、ロジカルな意味でこの暴力装置の独占が生み出す問題の解消を期待することは難しいであろう。その意味でラディカル・デモクラシー論がNGOやCSOに注目することは一定程度評価できるかもしれない。ただしこの空間の問題は、単に国境を越える政治的主体としてのNGOやCSOの役割を強調することのみによって解決できる問題ではない。なぜならこれらの組織にもさまざまな種類が見受けられ、場合によってはフーコーのいう統治性的な支配の一つの機関となっていることがあるからである(26)。その意味で、これらの組織もまさに近代を体現しているものとして理解できるのである。

政治的な空間の生成に関連して指摘しなければならないのは、グローバリゼーションの深化にともなって最近注目を集めている国際的な文化論であろう。近年、文化的な側面はラカニアン的な解釈から、言葉（すなわち象徴界のコード）で言い表せないエレメントを包摂するものとして注視されている。つまり、現代社会における現実界――それは社会変革のダイナミクスを生み出す――としての可能性が関心を集めているのである。もちろん、グラムシアン的な理解からいえば、文化は支配階級によって決定され、コード化されるものとして定義される。しかし、同時にそこには構造化／再構造化プロセスのなかで、言語の網の目をすり抜け取り残されたものも存在する。まさにこれが文化の両義性が注目される所以である。キャサリン・ベルシーは次のように述べている。

現実界は思弁をうながす。それは（支配的）文化の領域の外にあるので、文化の台本を受付けず、こうして文化にあると考えられている支配力を拒む。それでいて現実界は欲望をかきたてる。文化自体が逆説的ながら、未知なるものを書き込んで、言い表せえぬものの存在をほのめかしている。[27]

では、この文化なるものはラディカル・デモクラシー論のなかでどのような意味を持つのか。もし、この新しい民主主義論の適用範囲がいわゆる「政治」の世界に限られるのであれば、この現実界／文化についての議論を包摂することは不可能となってしまう。それは同時に政治的なるものの範囲をいわゆる象徴界の領域（そこでは、すべてのものが言語の網の目のなかに絡め取られてしまう）に狭めることになってしまうであろう。逆にラディカル・デモクラシー論がアイデンティティと差異の問題に注目し続け、そこで文化的／現実界的な側面にこだわり続けるならば、この新たな政治が包含する可能性は躍増するに違いない。

このことは国際関係においても重要な意義を持つ。例えば、民族自決（Self-determination）と民主主義との間に存在する問題があげられる。これまで民主主義は民族国家においてのみ実現可能であるとされてきた。そのため、民主主義の獲得という大義名分の下、多くの国々が独立した。しかしながら、民族自決の原則に則った多くの地域において暴力の蔓延が認識されるに至って、民族自決の原理と暴力との連関が注目されている。そこで議論されているのは、一般的に流布しているイメージとは異なり、暴力は「他者」が行使するものではなく主として「自己」が行使するものであるという点である。[28]一般的な民主主義が民族自決の原則と絡まりながらまさにこの「自己」の形成を促進してきたとすれば、それはとりもなおさずアレントが第一次大戦後の中央・東ヨーロッパで見たような「他者」に対する暴力的な帰結を予感させるものである。[29]そしてこの「自己」と暴力との関連を断ち切るのは、文化論／現実界的な領域に存在する「言い表せぬもの」なのではないか。つまり、民族国家によって提供される自己についてのコード・規範から乖離しているという現実を受け入れ、つまり言語化されなかった何かが自己の内面に存在することを受容すること、そしてそれをさまざまな形で文化的に表象することが、国家権力と結びついた暴力的な自己の出現を避ける一つの方法なのではないだろうか。そしてそこにこそ国際的な文脈における文化論の意味があると思えるのである。

最後にもう一つ問題点として指摘しておかなければならないのは、政治経済と民主主義との関係についてである。先に述べたように、世界政治経済はすでに一国のレベルを大きく超越したロジックで動いている。もし、ラディカル・デモクラシー論があくまでも民族国家に固執し、その枠組みにおける民主主義を標榜するのであれば、どのようにして世界を大きく包み込む経済至上主義的な新自由主義プロジェクトの摂理に対抗していくかという問題についてはまったく無力になってしまう可能性がある。それを乗り越えるためには、ラディカル・デモクラシー論なりの具体的な戦略が必要となってくるであろう。経済的な自由主義はすでに多くの国々の国内的な経済政策をＷＴＯ（世界貿易機構）やＩＭＦ（国際通貨基金）などの国際機関を通してコントロールし始めている。いかにラディカル・

デモクラシー論が政治的自由主義と経済的自由主義の分離を主張したところで、それが一国の政治経済レベルで語られている限り、その力はヘゲモニックな新自由主義経済の論理によって大きく縮減されることとなる。その意味でも、ラディカル・デモクラシー論に必要とされるのは、その空間の設定の問題（すなわち国民国家を超えた空間における民主主義の問題）であり、どのような枠組みで政治を設定し、どのような形でその原理である自由と平等を実現するのかという具体的なプログラムである。

第三章　非暴力抵抗の三つの歴史と三つの概念

ハンナ・アレントはかつて、暴力は政治が終わるときに出現すると述べた。アレントにとって政治とは対話を通した意思決定を意味し、その意味で彼女は対話が終わるところに暴力の可能性を見たのである。[1]これは国際関係理論のなかに一般的に流通しているクラウゼヴィッツによる「戦争は政治の継続である」という有名なテーゼに、真っ向から対峙する考え方である。個々の差異による複数性を前提とした公共圏を描くアレントにとって、対話は民主主義を達成するなかで最も重要な概念だったのである。

アレントが提示したこの考え方は、近年の非暴力抵抗の歴史を考えるときに一つの指針を提示する。つまり、支配者と被支配者との間に対話が存在したか否かという点が非暴力抵抗の可能性についての研究のリファレンス・ポイントとなるのである。逆にいえば、クラウゼヴィッツの考え方は、なぜ人類の歴史のなかでしばしば見られる非暴力抵抗が可能となったのか、つまり継続性を持っているはずの政治と戦争（暴力）とがなぜ特定の事象において断絶現象を起こしたのかという点については多くを語らない。

では、対峙する二つの集団の間に対話があるというのはいったい具体的に何を意味するのか。本章では、アレントの政治概念を基点としながら今村仁司の言語論的暴力論およびガートン・アッシュの〝リフォリューション〟概念を援用することによって対話概念を中心に非暴力抵抗の構造についての理論化を試みたい。ここで取り上げる非暴力抵抗の具体的な事象は次の三つである。すなわちガンディーによるサティヤグラハ、ナチス統治下におけるデンマーク市民によるユダヤ人救出、そして一九八九年に東欧で起きたいわゆるベルベット革命である。これら非暴力抵抗の歴史的事象はそれぞれ現代政治に大きな影響を及ぼしており、その意味でこれらの事象をめぐって理論の適用可能性を検証することは現代の国際関係理論に大きく貢献するものと考えられる。

本章はまず理論的な枠組みを提示することによってスタートする。そこでは今村仁司の言語論的暴力論、およびガートン・アッシュのリフォリューション概念を詳しく紹介する。第二に、上記の非暴力抵抗の歴史について簡単に説明したい。第三にそれらに共通する点を指摘するとともに、それに対する上記理論の適用可能性について検証を進めたい。

一　言論的暴力論と〝リフォリューション〟

二〇〇七年惜しまれながら急逝した今村仁司は、その論文「暴力以前の力　暴力の根源」で一般的な常識とかなり異なった暴力の定義を行ない、暴力の根源を「線引き」にあると述べている。そこでは主体の存在それ自体が「線引き」であり、根源分割という言葉で理解される。すなわち主体が主体として現前することは、自然という無形のものを否定し同時に自然のなかに存在しなかった「人間的なもの」を出現させる出来事として理解できるのである。(2) 以下、一章でも引用したが、重要な箇所であるためもう一度引用しておきたい。

人間の「そこに - ある」を現 - 存在というなら、その「そこに = 現に」は、根源分割であり、無形の何かに分断線を刻むことである。人間的現存在は、人間的存在とそれがそのなかに存在する世界を区別しながら出現させる否定的行為である。人間とは分割作用である。したがって人間とは根源的な否定態である。根源分割という否定態であるという事実によって人間は、語り得ないという意味での無限すなわち絶対無限を、存在感情と言葉によって純粋存在に変換し、存在と存在者の区別を言葉のなかに定着させる。(3)

こうして言葉は、この分割のあとに出現し、この分割に輪郭を与える。言葉はその分割に最も近い形、すなわち固有名から一般的な言葉へと派生し、比喩へと展開する。

今村は、言葉による根源分割の定着化は暴力的でもあると主張する。根源分割はそれまでの法（ここでいう法は一般的に流通している法律概念よりも広い概念として定義される）を宙づりにするからである。暴力論の古典ともいえるベンヤミンの『暴力批判論』が取り上げるのは、まさにこの瞬間である[4]。それは革命などによる歴史的流れの切断であり、既存の法体系・社会秩序の連続性からの根源分割である。ここで重要なのは、この瞬間は誰も連続性の切断を認識することはできないことである。根源分割は言葉になる以前のものであり、言葉のないところには認識はありえない。つまり言語化以前の状態では誰もその事象の意味や内容を正確に理解することは不可能なのである。私たちにできるのは、いったん過去へさかのぼり、その過去の時点から現在を推測することのみである。そして、さらに重要なことにこの非認識性は人々を恐怖させる。これはアガンベンがカール・シュミットを援用しながら議論するいわゆる「例外状態」であり、この状態は圧倒的な暴力性を秘めたものである。

逆にいえば、少なくとも今村の暴力論に従えば、根源分割以前には暴力性は存在しないことになる。では、根源分割以前とはどのような状態なのであろうか。ベンヤミンの議論を前提とすれば、根源分割とは革命前の状態を意味することになる。つまり、そこには自己と他者、支配者と被支配者の分割が存在しない[5]。そうした分割によるいわゆる「友・敵」関係ではなく、すべてが自己として存在する瞬間として理解することができるであろう。詳しくは後述するが、この根源分割以前の状態はナショナリズム（およびその根底にある「我々」概念）とそれに繋がる対話可能性とも緊密に連関している。これが、非暴力抵抗とナショナリズムが時として連動するメカニズムの一つの要因といえる。

ここで取り上げる非暴力運動の歴史を理解するにあたって、もう一つ重要な概念となってくるのが、ティモシー・ガートン・アッシュが提示するリフォリューション概念である[6]。ガートン・アッシュは、一九八九年の東欧における非暴力革命は上からの変革（Reform）と下から（Revolution）とが同時に進行すること（Refolution）によって可能となったと分析する。つまり一般の市民の間に広がる体制に対する不満と同時に、支配する側にも何らかの危機的な認識、すなわち支配の正統性や統治についての方法論的な合法性などについて、何らかの形での変革が必要であるという認識が存在するときに非暴力革命が可能となるとする理論である。東欧のベルベット革命に見られたような上からの変革、すなわちゴルバチョフによる他国の内政に対する不干渉や東欧諸国内の共産党による変革などはいずれも政策の変更といえるものであり、体制の変革を意図したものでなかったことは明らかである。そしてこの上からのリフォームは、市民による下からの変革に対する軍事的・暴力的な抑圧の不在を意味する。

リフォリユーション概念は、後述するように、多少の相違点はあるもののインドやデンマークにおける非暴力抵抗においても見ることができる。すなわち、インドにおいては大英帝国の衰退という事実であり、デンマークにおいてはナチ将校の、暴力的手法による抵抗運動の抑圧の拒否である。つまり、非暴力抵抗運動はその市民社会性や倫理的なコミットメントのみで成り立つわけではなく、上からの変革という同時進行の動きがあってはじめて可能となると考えられるのである。換言すれば、非暴力運動はエージェントの倫理的・政治的コミットメントともに構造的な変化が必要条件として位置づけられる必要があるのである。

二　非暴力運動の三つの歴史
——サティャグラハ、デンマークの奇跡、東欧一九八九年

非暴力運動の代名詞といえるほどの大きな影響力を持つ歴史的な出来事という意味で、ガンディーのサティャグラハは私たちに多くのものをもたらした。その運動が、いまでも平和的な市民運動や社会運動の典型的なモデルとして考えられていることは誰も否定できないであろう。サティャグラハとは本来は真理の堅持を意味し、ある意味極端な反近代主義を標榜した運動として位置づけられてきた。すなわち近代の持つ特有の性質、物質的な増大とそれにともなう暴力的な領域の拡大である(7)。

サティャグラハは、ロックやベンヤミン的な自然法に準拠した抵抗権にその正統性を見いだすのではなく、新しい形としての真理という概念を通した対話のなかにその正統性を位置づけた。対話を通して真理に到達することがガンディーにとっての反近代運動であったともいえるであろう。

では、真理概念はどのように反近代としての意味を持ちうるのであろうか。ジャイナ教に影響を受けたガンディーの真理概念はその多面性を特徴とする。そしてこの真理は想像しうるだけで、悟ることは不可能である。そしてそれぞれが異なった真理に到達するとき、他者の真理言説をも抹殺せずに理解しなければならないとガンディーは主張する。ここに行動規範としての真理概念が成立するのである。換言すれば、真理それ自体が相対的な性格を持つ以上、それぞれの真理の主体による対話が保

障されなければより高次の真実に到達することは不可能となる。ここに非暴力の重要性が浮き彫りとなる。(8)

この真理概念は、プラトンを代表とする西洋哲学の流れのなかで見られる真理概念とは鋭く対立する。そこでの真理は人・主体を離れたところに存在し、それは絶対的なものであると仮定されてきた。つまり、主体が誰であろうと、どのような状態であろうと、真理はつねに絶対であり不変であるとされるのである。そして、この絶対的な真理の存在を前提として西洋近代は成り立っていた。その意味で、ガンディーの主張する相対化された真理概念は明らかに反近代的であったといえる。

真理という概念の重要性を強調したインドの事例に対して、デンマークの事例はよりプラグマティックな様相を見せている。デンマークでの非暴力抵抗、特に市民によるユダヤ人救出劇は「デンマークの奇跡」として広く知られている。これは第二次大戦中のナチスによるユダヤ人迫害の嵐が吹き荒れるなかで起きた美談として、ポーランド・チェコにおけるオスカー・シンドラー、リトアニアにおける杉原千畝などと並んで称される出来事でもある。ハンナ・アレントはこの事例を取り上げ、

デンマーク系ユダヤ人の一件は特殊であり、デンマーク国民とその政府の行動は——非占領国であれ、枢軸の一員であれ、あるいは真に独立の中立国であれ——ヨーロッパのすべての国のなかで独自なものであった。はるかに強大な暴力手段を所有する敵に対する場合、非暴力的行動と抵抗にどれほどの巨大な潜在的な力が含まれているかを多少とも知ろうとするすべての学生に、政

治学の必須文献としてこの物語を推奨したいという気持ちになる。[9]

では、デンマークの奇跡と呼ばれる出来事は具体的にどのようなものであったのだろうか。一九四三年、ナチスの占領下にあったデンマーク市民は、いわゆるユダヤ人狩りが始まるとの一報を受け、組織的にユダヤ人を隣の中立国スウェーデンへと船で脱出させる。その数はユダヤ系デンマーク人と他国から逃げてきていたユダヤ人あわせておよそ八千人にのぼるといわれる。地下組織の兵士たちやユダヤ人コミュニティのみならず、病院やキリスト教会、そして大学生など多くの一般市民がユダヤ人を救出しようと活躍したことは、少なくともデンマークにおいてはよく知られた事実である。

この出来事において第一に私たちを驚かすのは、このユダヤ人狩りの一報が実は当時のドイツ大使館の官吏であったジョージ・ダックヴィッツによってデンマーク政府およびユダヤ人コミュニティに流されたという点であろう。[10] もともとドイツの民間のビジネスマンであった彼は一九三二年にナチスに入党する。いったんドイツ外務省で働き、再び民間の商船会社に勤めたあと、一九三九年コペンハーゲンのドイツ大使館勤務となる。当時のデンマークにおけるナチス当局のナンバーワンであったワーナー・ベスト将校の側近として活躍していたダックヴィッツは、一九四三年九月十一日、ベストからデンマークにおいても「最終解決」の日が近いことを知らされる。彼はそれに対して憤慨し辞職かもしくは配置転換を申し出る。ベストに職にとどまるように慰留された彼は、十月一日に設定されたこのユダヤ人狩りの情報を即座にデンマーク政府およびユダヤ人コミュニティにリークする。[11]

さらにもう一つ驚くべきことは、このダックヴィッツからリークされた情報は彼がこの情報を受け取った日から約一日でデンマーク全土を駆けめぐり、そこに居住していたほとんどのユダヤ人に行き渡ったという事実である。これはデンマーク市民がいかにこの問題に関して迅速に行動したのかを明らかにする。つまりデンマークの市民社会全体がこの問題に即座に対処したのである。連合国側が有利に戦争を進めていたこと、これに呼応する形で、各地でストライキやサボタージュが頻発していたことなど、当時のデンマークにおいては反ナチス運動が盛り上がりつつあったことが背景にあるとはいえ、この迅速な対応は特筆に値するであろう(12)。

では、このデンマークの奇跡が私たちに残したものとはいったい何であったのか。一つには、デンマークにおけるナチスの統治が間接的であったこと、すなわち少なくとも形式的にはデンマーク政府が存在し、これとナチスとが交渉する形で統治が行なわれていたことが対話の継続性を担保したと考えられる。占領側の一方的な押しつけによる統治ではなく、占領者と被占領者との間に何らかの継続的な対話可能性が開かれていたことがこの出来事の背景の一つとしてあったことは、非暴力抵抗研究にとって重要なものであると考えられる。そして、一九四〇年に占領されたデンマークで実際にユダヤ人狩りが始まったのは一九四三年であることが示すように、少なくともデンマーク政府による自治が占領後三年間にわたって維持されている。

では、デンマークにおいてナチスの支配する他の地域と極端に異なった統治体制はどのように可能となったのであろうか。そこでは少なくとも三つの要因が考えられる。第一に、食料自給に問題を抱えていたドイツが、デンマークの産業を掌握しその生産物（特に農産物）をドイツに流通させるという目的を持っていたことがあげられるであろう。第二に、デンマーク人は人種的にもドイツ人に近いとされ、比較的優秀な民族としてナチスのなかで位置づけられていたともいわれる。そして第三に、ナチスのデンマーク侵攻に際し、デンマークはほとんど抵抗せず占領されたことがあげられる。このことは逆に、ナチスにデンマーク政府の維持を認めさせる結果となった。事実、激しい戦闘の末にデンマークと同じ日に占領されたノルウェーでは、占領以前の政治体制はすべて廃止され、ユダヤ人に対する抑圧も占領当初から行なわれている(13)。

この対話の継続性は、その後、特にユダヤ人政策に関する上からの変革において重要な役割を果たした。つまりこの対話の継続性がダックヴィッツという卓越した個人の活躍の場を保障したとも考えられるのである。もしこの対話の回路が完全に遮断され、占領者と被占領者との間に絶対的な断絶があったとすれば、すなわち自己と他者の完全な分離があったとすれば、ダックヴィッツがこの情報をデンマーク側に流したとは考えられない。その意味で、デンマークの奇跡において特に強調すべきは、こうした開かれた対話可能性が、その占領プロセスが非暴力的に行なわれたこと（事実ナチスによるデンマーク侵略は実質的な戦闘をほとんどともなわないものであった）、そしてこの占領に対する反対運動もまた非暴力的であった（すなわちゼネストやサボタージュ）ことと明らかに密接に関連していることである。それに先立つ暴力が不在であったところにはまた対話の可能性（アレントのいう政治）が担保されやすいと考えることも可能であろう。

こうしてデンマークの奇跡には、その重要な背景として対話という概念が横たわっていたと考えられる。これは、真実という概念にこだわったガンディーのサティヤグラハと比べれば、よりプラグマティックな非暴力抵抗として理解できる。つまり圧倒的な暴力装置の差が非暴力抵抗と対話という戦略を導いたと考えられるからである。そしてこれから取り上げる東欧のベルベット革命は、真実と対話という非暴力運動の重要な二つの要件とともに、リフォリューションという三つ目の要件が重要な契機となった出来事である。

一九八九年の東欧における革命は別名ベルベット革命と呼ばれ、近年の政治史上最もドラマティックな出来事として理解されてきた。この革命は同時に東欧諸国で起きたものであるが、ルーマニアを除きそのほとんどが平和裏に体制移行を達成したところにその特徴がある。まさにこの非暴力性がベルベット革命の別名（ベルベットのように滑らかに革命が成功したという意。ビロード革命とも呼ばれる）を持つ所以である。

この革命についてはさまざまな解釈が提示されてきた。最もストレートで簡単な説明としては、冷戦構造における西側の勝利とするものであり、同様に共産主義はもともと人間の本性に合わないものであったという説明や、資本主義の優位性の証明であったというようなものなどが考えられる。しかしより詳しく分析していくと、まず明らかになるのはその市民社会の変革への力であろう。市民の間に広がった「新しいアイデア」、すなわちより民主的な社会の実現という考え方が重要な鍵を握っているとメアリー・カルドーは主張する(14)。マクロの視点やイデオロギー的な視点からは見えてこない、市民・個人による変革への情熱がこの劇的な体制移行に寄与したとする理解である。事実、この見方はその後大きな流れとなって現代国際関係学の一つの柱となった。いわゆるグローバル市民社会論である。

しかし、この考え方では、東欧諸国の政府・当局が警察や軍隊といった暴力的な装置をなぜ積極的に使用しなかったのかという疑問に答えることはできない。市民の非暴力的な運動に対して暴力を使って抑圧することが倫理的な理由から難しいと幹部が考えたと仮定するのは、あまりにナイーブであろう。事実、ルーマニアにおいては警察・軍部による発砲が行なわれており、これが単にルーマニア共産党の幹部の倫理性の欠如に起因するとするには無理がある。これに対して、ガートン・アッシュはリフォリューション概念を提唱する。そこでは、共産党幹部の倫理性ではなく、支配についての正統性の崩壊が焦点となってくる。すなわち、一九八九年の時点ではすでに幹部たちが長年にわたり信じてきたもの、共産主義の優位性やさらにいえば資本主義＝帝国主義という二項対立の構図それ自体がすでに崩れかけていたとガートン・アッシュは主張する[15]。市民の非暴力抵抗が広がるなか、共産党幹部のなかでも絶対的な指針が失われつつあったのである。そしてまさにこの状態が、彼が提唱するリフォリューションの状態であると考えられる。すなわち上からの変革（Reform）と下からの革命（Revolution）が同時進行している状態である。

またこの革命においてもう一つ重要な契機と見られるのは、「真実」という言葉の重みである。ヴァーツラフ・ハヴェルは一九九〇年の大統領就任演説で次のように述べている。「チェコスロバキアの人々はこれまで二重の生活を行なってきた。公の場所ではあることを言い、プライベートな場所ではまったく別のことを言うように。そしてさらに悪いことには、倫理的な環境が崩壊していることである。私たちは全体主義が変更不可能なものであるという考えに慣れ過ぎた。その意味で私たちは単なる犠牲者ではない。私たちは全体主義の補助者でもあったのである（16）」と。そしてベルベット革命はまさにこの倫理的崩壊からの復活と真実への回帰として位置づけられるのである。事実、一九八九年は、東欧においてしばしば「真実の年」「真実の瞬間」と呼ばれている。

三　根源分割と非暴力運動にまつわる三つの概念
――リフォリューション、対話、Truth

これら三つの代表的な非暴力抵抗の歴史を見ると、共通する点が見えてくる。それは三つの言葉・概念によって理解することが可能であろう。すなわち、リフォリューション、対話、真実である。先述したように、リフォリューション概念は上からの変革と下からの革命というダブル・ムーブメントによって構成されている。この言葉は主としてガートン・アッシュによって東欧の革命というコンテクストで展開されたものであるが、インドやデンマークの事例にも十分に適用可能である。例えばインドにおいては、大英帝国の衰退という現象がガンディーの運動に大きな影響を与えたことは明らかであろうし、またデンマークにおけるダックヴィッツの英雄的な動きもまた、この上からの変革の一つの形として理解することが可能である。実際、アレントはインドの例をとって次のように述べている。

暴力と権力とが正面衝突する場合、結果はほぼ明らかである。もしガンディーの途方もなく強力《パワフル》で上首尾に運んだ非暴力的抵抗の戦略が、イギリスではなくて、別の敵――スターリンのロシア、ヒットラーのドイツ、さらには戦前の日本――にたいするものであったとすれば、結果は植民地からの脱却ではなく、大虐殺であり屈服であったことだろう。(17)

しかし、大虐殺や暴力的な抑圧は、同時に支配の正統性についての不安定化をもたらす。つまり、絶対的な支配が確立していない場合、もしくはその支配権力が衰退していると考えられるとき、暴力を使った抑圧はその意味を失う。

〔支配者側は〕権力の代わりに暴力を用いることで勝利は得られるが、その代償はきわめて高くつく。というのも、被支配者ばかりでなく、勝利者もまた権力の失墜という代償を払わなければならないからである。(18)

ここでアレントは明示的には議論していないが、リフォリューションに包含される二つの動きが相互に影響していることは明らかであり、変革の動きと革命の情熱とをまったく別個に存在すると仮定するのは非現実的であろう。逆にいえば、この二つの動きはつねに関係性のなかに存在するのであり、この関係性を無視してはこの概念の持つ豊かさが失われてしまうと考えられる。インドにおいてもデンマークにおいても、ガンディーやデンマーク市民のイニシアティブが支配者側に与えた影響は計り知れないであろう。

対話というファクターについては、ガンディーの例が最も典型的といえるであろうが、同時にデンマークの例においても顕著に見られる特徴である。デンマークにおいては度重なるゼネストやサボタージュに手を焼いた統治者側がベルリンに電報を打ち、「最終解決」の実施がさらに状況を悪化させる可能性があるとして、その実施に際して軍隊の増員を要求している[19]。それほどまでにデンマーク市民による抵抗運動はナチス側に大きな影響を与えていたのである。それまでのゼネストやサボタージュを通してデンマーク市民の声はナチス当局に達しており、その意味でそこに何らかの対話、より正確には「交渉」が存在したと考えられる。またそれ以外のチャンネルとしても、ナチス当局とデンマーク政府との間にはつねに対話がなされていたことが報告されているし、当局とデンマーク国王との間で書簡のやりとりがあったことも記録されている。ナチスがユダヤ人に対してダビデの星をつけるように指示しようとしたとき、「私が最初にその星をつけるであろう」と国王が返答したというのはよく知られた逸話である[20]。さらに先に述べたダックヴィッツは、ナチス当局とデンマーク政府との間で活躍し、橋渡し的な役割を担っていた人物として理解することができる。つまり、彼はまさに対立／対話の構図のまっただ中に位置していたのである。

また東欧においても市民と当局との対話は何度となく繰り返されている。ポーランドの独立自主管理労組「連帯」や東ドイツにおけるキリスト教会[21]などはその典型であろう。そこでは圧倒的な権力と暴力装置に裏打ちされた当局側に対して、あくまでも対話路線を維持し非暴力的に対峙した市民側の姿勢が明らかになる。そしてその結果、当局側の態度も、非常にゆっくりとしたペースで前進・後退を繰り返しながらも、徐々に軟化していったことが報告されている[22]。

このように対話の継続はそのあとに続く非暴力革命へのプロローグとして位置づけることが可能と思われる。では、この対話の可能性はどのように開かれるのであろうか。ここでもまたガンディーの例に戻らなければならないのであるが、最も説得力のある説明は真理についての相対的な態度に求められるであろう。ジャイナ教の影響を強く受けたガンディーは真理の多面性にこだわった。ある人にとっての真理がつねに他の人にとっての真理であるとは限らないと。そしてこの真理の相対性・多面性がまさに対話の可能性を切り開くのである。つまりより高次の真実にたどり着くためには異なるパースペクティブを総合的に勘案する必要があり、そのためには異なる意見に対する寛容な姿勢、理解しようと努める姿勢が重要となってくるのである。そして、その意味において、ガンディーの真理は弁証法的である。

こうして対話の可能性を切り開くものとしての真理概念は、東欧の革命で叫ばれた真実という概念とは区別して考える必要があるであろう。ともに英語では Truth ではあるものの、ガンディーにおける Truth はより抽象化された規範としての意味を強く表象している。これに対して、真実はより身近なところでの正直さを意味しているといえる。これは先述のように特に東欧の革命において見られた事象であるが、真実＝Truth は市民のなかに蔓延していたダブル・スタンダードからの脱却を意味するスローガンとして、一連の体制移行に大きな役割を果たした。つまりここでの真実とはいかに自分に正直になれるか、体制におもねることなく自分の意志を貫けるか、という点に関するいたって個別的・プラグマティックな真実であり、より高次の普遍的な価値を含むような真理とは別次元の概念として位置づけるほうが適当であろう。そして、この一九八九年の東欧における真実概念は、対話の可能性を開くものとしてではなく、市民のなかに革命への意志を生み出す根源的な衝動を生み出したものとして理解することができよう[23]。

では、これらの概念はどのように根源分割と関連してくるのであろうか。根源分割の中心的な命題は、自己と他者とを分割する行為それ自体がすでに暴力的であるということであった。主体と客体、自己と他者との間に引かれる分割線が暴力の痕跡を表象する。逆にいえば、主体と客体、自己と他者とが分割される以前の状態は、この暴力性が存在しないということである。西田幾多郎をはじめいわゆる京都学派の面々が挑んだのは、まさにこの瞬間を明らかにすることであった。残念ながら帝国主義という時代の流れに絡め取られてしまったが、純粋経験を基礎としたその哲学的挑戦は現代の非暴力研究に対して示唆するものは大きいと考えられる[24]。

この主体と客体の分割以前の状態は、社会変革という文脈においては各アクターが渾然一体となった社会状況と位置づけることも可能であろう。つまり、何らかの共通のアイデンティティが支配する側と抵抗する側に共有されている状態を意味している。事実、ベルベット革命においては、ナショナリズム的（Nationalistic）な言説が市民の間に多く見受けられたことが報告されている（ただし報告者であるガートン・アッシュは愛国的＝Patriotic という言葉を使っている）[25]。つまり、支配する側もされる側もともに一つのナショナル・アイデンティティを共有した形での漸進的な変革の必要性と急進的な革命の意志とが、今村のいう根源分割以前の状態の連続性を担保すると考えられるのである。換言すれば、支配側・被支配側ともにその国（ネーション）のために変化が必要であると考えていたという意味において、それぞれの運動の根底の部分で同一のコミュニティに対する政治的・社会的貢献を共通の目標として設定していたと考えられる。

この非暴力抵抗に繋がる共通のアイデンティティは、必ずしも国家や民族、宗教という旧来からアイデンティティの源泉として考えられてきた枠組みで考える必要はないといえるであろう。ある政治体制についての疑問や不信感、またある普遍的とされる倫理的規範に対する絶対的な信頼といったものでも、それが共有される限りにおいて何らかの共通のアイデンティティとして理解することが可能である。換言すれば、その中心に位置する概念が何であろうと、根源分割を導く分割線を跨ぐような形で存在する「我々」意識が存在するとき、このリフォリューション概念は可能となるのである。そして、この意識の成立可能性は非常に強く対話の存在に依拠しているように思われる。

この共通のアイデンティティは、ガンディーにおける相対的心理概念とともに、対話の可能性を開くこととなる。支配側、被支配側ともにいわゆる同じ土俵に上がることが可能となるのである。アレントのいう政治とはまさにこの状態を意味している。逆にいえば、根源分割以降に言葉によって定着化されたアイデンティティに固執する場合は、抑圧、抵抗ともに暴力的になる可能性が高いということもできるであろう。根源分割によるアイデンティティの定着化は対話＝政治の可能性を閉じ、物理的暴力の可能性を切り開く。近隣諸国がこぞって非暴力革命という偉業を成し遂げたなか、ルーマニアにのみ見られた暴力革命はまさにこのことをよく表している。支配者・被支配者の構図が色濃く残り、支配者側のマルクス・レーニン主義に対する忠誠が強固だったルーマニアには対立構造の激化という展開しか道が残されていなかったのである。

さらにもう一つここで付け加えなければならないのは、一定の共通のアイデンティティがあったとしても支配者・被支配者の対話が可能となるような時間的な余裕がなければ、リフォリューションは不可能となると考えられることである。どちらかが性急にことを運ぼうとすれば、対話の可能性が閉ざされ、むき出しの根源分割状態が現れると考えられる。つまり対話の回路が担保されるためには、根源分割からその定着化までの間にある程度の時間的ズレが必要であり、ここに共通のアイデンティティが果たす役割があると考えられる。

四　結　語

根源分割の議論を非暴力抵抗という事例に照らし合わせてみたとき明らかになるのは、根源分割以前の状態をどのように定義するのかという非常にやっかいな問題を乗り越えなければ非暴力運動の理論化は難しいという事実である。もし、根源分割が単なる連続性からの断絶であるとすれば、非暴力抵抗は連続性の維持という役割を負うことになる。このことは一見、完全にスタティックな社会の再生産構造を思い起こさせる。そしてそれは、グラムシのいうヘゲモニーの維持を意味する可能性があることは重要である。では、いかにしてヘゲモニーの維持という社会的再生産プロセスから逸脱した非暴力抵抗が可能になるのであろうか。それは結局、連続するものとはいったい何なのかというところに問題はあるように思われる。少なくとも、ここで取り上げた事例からいえるのは、対話を通した「我々」という意識が何らかの形で連続性と関連しているということである。ガンディーの事例だけは、この点に関して支配者側との対話という意味では十分に実証できなかったが、非暴力運動以前の彼が飛び抜けて優秀な弁護士であったこと、イギリス政府と幾度となく対話の場を持ったことを考えれば、帝国側とガンディー側との間に何らかの共時的連関が生まれていたと仮定してもおかしくはないであろう。また東欧やデンマークの事例ではもっと明示的に「我々」概念の成立・継続を見ることができた。そこでは対話を中心とした新たなアイデンティティの形成がたしかに起きたといえるであろう。そしてまさにこの新たなアイデンティティの形成プロセスこそが連続性（それは二次的である が）であると理解することが可能なのである。つまり、根源分割以前の社会からの連続性は非常に ゆっくりとしたものであったとしても、多少の非連続性を孕んでおり、そのズレの連続性、非連続性 の連続性、すなわち二次的な連続性という視点から根源分割を理解することによって社会の変革可能 性は担保される。この二次的な連続性はデリダが決定不可能性と呼ぶものであり、ラカンが現実界と いう言葉で指し示した概念である。社会の再生産は厳密な意味では不可能であり、それが不可能であ るがために根源分割以前の状態を維持しながらの社会的抵抗が可能になるといえるのではないであろ うか。

これまでの非暴力抵抗研究は、総体的に見てエージェント／ストラクチャーの議論のなかでどちら かといえばエージェントに偏った形で展開されてきたように見受けられる。非暴力抵抗の事象を描く にあたって、主として歴史的な視点から詳述するという手法がとられてきたことはこのことと強く関 連しているように思われる。本章は、こうした視点を補完するための構造的な説明を展開することが 中心的なテーマであった。この意図が十分に達成されたかどうかは不明確であるが、こうした研究が さらに展開される必要があることは明らかであろう。

第四章　現代における紛争解決の理論的地平

一　二〇〇八年末、ガザ

二〇〇八年末から二〇〇九年初頭にかけてのイスラエルによるガザ地区に対する猛烈な空爆および軍事的侵攻は世界的な関心を呼び起こし、マスメディアも連日その模様を中継した。もちろん世界全体に目を向けたとき、イスラエル・パレスチナ紛争以外にも多くの注目を浴びない紛争があることは他言を要しない。しかしながら、二〇〇八年十二月のイスラエルによるガザへの攻撃は、現代の紛争に典型的な一つの重要な側面を持っていた。すなわち、紛争のタイミングの問題である。二〇〇九年一月にバラク・オバマがアメリカ大統領に就任する予定になっていたこと、二月にイスラエルの総選挙が控えていたことなどがその一つの重要な背景であったと考えられる[1]。また二〇〇八年十二月の攻撃に対してハマスの幹部が国外（レバノン）から徹底抗戦を呼びかけたことにも、今回の紛争を現代に典型的なものであると理解する理由がある。つまり、紛争のターゲットであるハマス幹部の幾人かはガザではなくそれ以外の地域にいたという事実が如実に表すように、ガザにおける紛争の真の目的は、実はその名目上の目的（すなわちハマス幹部に対する攻撃）を達成することではなく、紛争それ自体であったという点である。そしてそれに対抗するハマス幹部たちもまたこのことを十分理解しており、結果的にイスラエル軍もハマスもともにガザの一般市民を人質にするという戦略をとったのである。つまりこの紛争は、イスラエル、ハマス、そして国際社会という三つの主体が絡み合った構造をもとに勃発したといえる。そして、このまさに三者の中心に位置するガザ市民が、その犠牲となったのである。

二〇〇五年にパリで起きた暴動も同様に理解することが可能であり、スラヴォイ・ジジェクはこのパリにおける暴動について非常に興味深い分析を行なっている。それは一九六八年のいわゆる「パリの五月」と異なり、その抗議行動には明確な目標がなかったのである。もしあるとすれば、それは「〈可視性〉を得るための、直接的な闘争」でしかなかったのである(2)。ジジェクは続けて次のように述べている。

市民としてフランスの一部を構成していながら、政治的・社会的空間から排除されていた社会集団が、一般国民に対して自らの存在をはっきりと示したかった。皆が望もうが望むまいが、見えないふりをしようが、自分たちはここにいる。コメンテータらが指摘しそびれた決定的事実は、暴動の参加者らが独自の閉鎖的な生活様式を確立しようとする（宗教的・民族的）コミュニティとしての特別の立場を主張しなかったことである。それどころか、彼らの主たる前提は、フランス市民であり、そうありたいのだが、認識されていないという点であった。(3)

イスラエルがガザ地区を攻撃した一つの理由も、この「可視性」にあると考えられる。(4) そしてこの可視化という目標はある程度達成できたといえるであろう。(5) しかし同時に今回のイスラエルの行動は、これまでの紛争解決理論が見逃してきた重要な問題、すなわち紛争主体による対立構造の外側に存在しながらも同時にその紛争の中心に引き込まれ、そして結果的に最も大きな代償を払わされることになる主体にほとんど注意が払われてこなかったという問題を浮き彫りにした。つまり、紛争主体もしくは戦争の主体は国家もしくは独立を求める民族主義者たちであり、そこには物理的・構造的暴力に対する何らかの形での容認の立場が見られるのである。(6)

本章では、この紛争と暴力との問題を紛争解決理論のなかから抉り出し、それを批判的に分析することをその主要な目的としている。そしてこの批判的な考察を通してこれまでの紛争解決論を超えたオルタナティブの可能性を考えていきたい。この点を明らかにするために、第二節では紛争についての歴史的な議論を紹介するとともに暴力と紛争との関係を概観し、続いてこれまでの紛争解決理論の大まかな流れを明らかにする。第二節では、その理論が焦点を当てる領域からこぼれ落ちた主体に焦点を当て、そうした人々が生み出される構造を批判的に考察する。そして最後に、これまでの紛争解決理論と異なる新しい理論の可能性を、いわゆるディアスポラと国際文化論という現象から探っていきたい。

二　紛争、合法的暴力、現れ

紛争という概念は比較的古くから議論されてきた政治的テーマの一つといえるであろう。そのネガティブな面はもちろん、ポジティブな面に関しての議論も多数見受けられる。例えばカントは戦争によって人々がより高次の理性的な段階へと進むことを述べているし、同じくドイツ観念論の代表的な哲学者であるヘーゲルもまたその弁証法の議論のなかで、紛争が止揚という形で次の理性的段階へと進むことを主張した。経済学におけるシュンペーターの創造的破壊という概念もまた同様のものとして理解することが可能であろう。こうして考えてくると、人間の生活において紛争は根源的な側面を表しているということができそうである。ただし注意しなければならないのは、これらの議論が紛争と密接に関連していると考えられてきた暴力性の問題を見落としていることであり、その意味でこれらの議論はクラウゼヴィッツの「他の方法による政治の延長」としての戦争理解の延長線上にあるといえる。

これに対して、ハンナ・アレントは異なった紛争と暴力の理解を示している。すなわち戦争の特徴とは政治との断絶にあり、戦争は政治の終焉を直接的に意味する。(7)つまり、紛争という形での異なった利害の対立は政治すなわち公共の場での討論によって解決されるべきであり、この解決方法の行き詰まりが暴力の可能性を導き出すのである。暴力的な支配は政治（アレントは「権力」という言葉を好むが）の不在を前提とする。[8] アレントはこの文脈で、戦争が現代の政治経済システムに特徴的であることから、政治（紛争）が戦争を生み出しているのではなく、戦争が政治や紛争を生み出すと考えたほうがより整合性があるとする考え方を述べている。[9] もちろん、ここでいう政治や紛争とは有機的に生み出されたものではなく、戦争が主体となって生み出される宗教的・経済的対立を意味している。このことは、冷戦がその終焉を迎えた途端にサミュエル・ハンティントンの「文明の衝突」論が生み出されたことからも容易に想像がつく。[10] すなわち現代の国家間システムは戦争をつねに求めているのである。そしてこの立場からいえば、表面的な利害対立はこのシステムによって生み出されているということになる。

ここで重要なことは、暴力が人々の政治的関係から生み出される紛争の延長線上におかれてきた従来の戦争観と大きく異なり、この二つの概念が実は対極にあるとする理解である。事実、紛争と呼ばれる現象が非暴力的な方向性を持ったとき、その紛争それ自体は必ずしもネガティブな文脈で語られるわけではない。マハトマ・ガンディーのサティヤグラハ[11]やネルソン・マンデラによる南アフリカにおける抵抗運動、[12] デンマークによるナチスに対する抵抗[13]など、その例は多数にのぼる。

つまり、私たちが紛争解決という概念で議論を進めようとするとき、その紛争が政治的な次元で検証されるのか、それとも暴力的なレベルで分析されるのかによって、紛争解決の理論的な射程は大きく異なってくるのである。この点は、紛争の議論のなかで必ずといっていいほど取り上げられるホッブスとロックによる自然状態の議論とも密接にかかわってくる。自然状態の議論は主として人間の本性を理解するのに使われるのであるが、問題は仮に人間の本性が紛争的であったとしても、それが物理的な暴力へと繋がっていくには一つの重要な契機を経る必要があることを、ほとんどの紛争について語る研究者たちは見逃してきたことである。そこでは多くの場合、調和的なロックの描く自然状態よりも、ホッブスの議論すなわち「万人の万人に対する闘争」という自然状態に軍配が上がり、人間および社会において紛争が不可避であることが語られるのが通常である。そしてこの紛争とは絶対的に暴力的抗争を意味する。このことが、国際関係においては戦争の不可避性を意味するのである。

では、もし戦争が他の政治的な関係から導かれるのではなくそれ自身のロジックによって成り立つとすれば、戦争はいったいどのような構造的要因から成立するのであろうか。アレントは、次のように述べている。

戦争と政治との関係について、また暴力と権力との関係について、昔から真実と考えられてきたこれら〔行動主義理論〕のすべてが今日ではあてはまらなくなってきた。第二次世界大戦の後に続いたのは平和ではなく冷戦であり、軍産労複合体の確立であった。「社会を構造化する主要な力としての戦争遂行能力の優先性」を説き、「経済システム、政治哲学、法体系は戦争システムに奉仕し拡張するものであって、その逆ではない」と主張し、「戦争こそが社会システムの基盤なのであって、そのなかで他の第二次的な社会組織が抗争したり共謀したりしているのだ」と結論づけること――これらはいずれもエンゲルスやクラウゼヴィッツの十九世紀的な定式化よりもはるかに真実味があるように聞こえる。(14)

この考え方からいえば、(合法的)暴力が現代における政治経済システム――それは単なる制度ではなく、社会全体の機能的なシステムを含む――の根幹をなすということになる。そしてこの(合法的)暴力性は多数性・複数性の否定という現象を同時的にともなう。なぜなら、アレントにとって多数性・複数性は政治の必要条件であり、政治の否定である暴力は同時に多数性・複数性の否定を意味するからである。つまり、戦争を遂行するためにはこの多数性・複数性の否定が前提となり、多かれ少なかれ全体化の方向性が見られることとなるのである。事実、第二次大戦前後の世界状況を見れば、いずれの国においてもその傾向は明らかであり、また冷戦下の西側諸国、特にアメリカにおいて共産主義思想が弾圧されたこともアレントの議論を裏づける。さらに9・11同時多発テロ以降のアメリカを考えれば、そこに複数性・多数性があったとはとてもいえないであろうことも、その一例といえる。

冷戦下の世界情勢を背景とした戦争システムを前提として暴力を考えたアレントと異なり、物理的暴力の根底に他者の「まなざし」に対する欲望をおくのがジジェクである。二〇〇五年のパリの暴動を検証したジジェクは、そこには六八年の五月革命にあったような正義・革新といったよって立つ理念の不在を発見する。そこで見られたのは、何らかの目的を達成するための暴力ではなくまさに他者のまなざしを引きつけるための暴力であった。つまり、主体が何らかの目的のために暴力を使うのではなく、主体の存在を確認するために暴力を行使するのである。ジジェクは次のように述べている。

一九六八年五月のデモとの比較から気づかされるのは、今回の抗議活動では積極的なユートピア的展望が完全に欠如していたことである。一九六八年五月のデモがユートピア的ヴィジョンに基づいた反乱であったならば、今回起きたのは、何ら建設的な未来図を主張することのない単なる暴動であった。……パリ郊外では具体的な要求さえなされず、言葉にもならない漠然としたルサンチマンに基づいて、〈存在の承認〉が求められていたのである。(15)

存在の承認のための暴力はもちろんこの暴動にとどまらない。本章冒頭で述べた二〇〇八年末から二〇〇九年初頭にかけてのイスラエルによるガザへの攻撃もまた、存在承認のための暴力という側面を持つ。それがパリの暴動と異なるのは、イスラエルの暴力は――倫理的・同義的な面を捨象した、あくまでも国際法という観点から――合法的であったという点でしかない。そしてこの現れるための暴力という問題はこれまでの紛争解決の理論的射程を大きく超えるものであると考えられる。

これまでの一般的な紛争解決理論において、紛争における目的は往々にしてイデオロギー的対立もしくは化石燃料やレアメタルなどの天然資源の争奪と結びつけられてきた。前者の例としては朝鮮戦争やベトナム戦争、後者の例としては湾岸戦争やイラク戦争における石油やコンゴ共和国における鉱物資源、さらには尖閣諸島（中国名釣魚島）や竹島（韓国名独島）などがあげられるが、可視性にかかわる紛争というのは紛争解決理論の文脈においては比較的新しい紛争形態ということも可能であろう。しかしながら、この可視性に関する紛争それ自体は抵抗運動の歴史においては必ずしも新しい戦略といい切ることもできない。なぜなら、最近の例でいえば国連を動かした東チモールにおける独立運動(16)、古くはガンディーによるサティヤグラハといったナショナリズムと強く結びついた形での非暴力運動としては、早くからその効果を認識されてきたからである。そこでは植民地主義に対する抵抗運動として、被抑圧者の側からの可視性を求める運動が存在してきた。そしてその非暴力性はまさに可視性を求める最適な手段として理解されてきたのである。この可視性を求める動きは、これらの抵抗運動が、マスメディアはもちろんその他のさまざまなチャンネルを通して、国内はもとより海外に向けてその主張と運動を伝えようと努力したことからもうかがえる。南アフリカにおける新聞『インディアン・オピニオン』紙についてガンディーは次のように語っている。

『インディアン・オピニオン』紙は今日の『ヤング・インディア』や『ナヴァジヴァン』に似て、わたしの生活の一部を映した鏡であった。毎週わたしは、その論説欄にわたしの魂を注ぎ込んだ。そしてわたしの理解したところに従ってサッティヤーグラハの原理と実践を説明した。十年間、つまり一九一四年まで、そのうちわたしが強制的に休養をとらされた在獄の期間を除くと、『インディアン・オピニオン』紙にわたしの書いた論説の掲載されなかった版は、ほとんど見当たらなかった(17)。

このようにガンディーにとってその運動がどう「現れる」のかという問題は、つねに彼の運動のなかで主要な位置を占めてきた。彼の反植民地主義運動は、同時に他者にどのような効果をもたらすのかによってその成功が左右されるものであったのである。

しかしながら、伝統的な紛争解決理論はこの現れの問題にほとんど注意を払ってこなかった。なぜなら、国際関係学もしくは国際政治学の枠組みのなかで発展してきた紛争解決理論はあくまでも顕在化された暴力が前提となっており、紛争解決は同時に物理的暴力の行使をいかにして避けるか、もしくはいかにしてすでに起きてしまった暴力的紛争を終わらせるかというところにのみその焦点を当ててきたからである。その意味で、国際関係における紛争とは暴力による衝突もしくはその可能性を持った対立関係を前提にしていたということができるであろう。換言すれば、ここでの紛争とは合法的な物理的暴力の行使を行なえる主体、すなわち主権国家による対立関係としてのみ理解されてきたのである。そのため、国民国家としての主権を持たない主体による紛争は、それが暴力的な力を行使しない限りは、紛争の主体として国際社会に「現れる」ことさえできなかったのである。その意味で、二〇〇八年末から二〇〇九年初頭にかけてのイスラエルによるガザ地区の攻撃は、紛争解決理論に対して大きな意味を持つ。つまり、可視性の問題が紛争の主要なファクターの一つだったからである。

三　これまでの主要な紛争解決理論

これまでの紛争解決理論は一般的に三つのアプローチに分けて考えることができる。すなわち、合理的計算に基づく紛争解決理論、紛争のダイナミズムに焦点を当てる理論、そしてベーシック・ニーズを中心とする紛争解決理論である。これらはそれぞれ国際関係学における三つの伝統的なパラダイムである現実主義・自由主義・マルクス主義に対応していると考えられる。国際関係学における現実主義とは国家間の競争的関係を前提とするものであり、それぞれの国家が合理的な計算に基づいて対外関係を構成していくと主張する。自由主義は国家間の力関係よりも協調関係に焦点を当て、国際法や国連などの国際機構に基づく国際社会の秩序化を主張する。マルクス主義は主体間の階級関係をその主要な関心とし、階級関係の解消による国際社会の成立を求める。[18]

合理的な計算による紛争解決理論は国際関係学における現実主義もしくはその構造主義的な理論であるネオ・リアリズムに準拠し[19]、国家像を比較的独立なものとして理解する傾向がある。これはいわゆるビリヤード・モデルと呼ばれるものであり、各行動主体がそれぞれの国内的・対外的な問題を自律的に計算して行動を決定することを前提とする。そこでは、さまざまな選択肢のなかから費用／便益の計算に基づいて合理的な決定がなされることを前提としている。つまり、便益が費用を上回ると紛争主体が考えるときに衝突はより激しくなり、逆に下回るという判断がなされた場合に紛争は停戦へと向かうことになる。便益が費用を下回る場合に典型的に見られるのは、紛争が膠着状態となったために戦費、死傷者、資源などの費用が急激に増加し、たとえ紛争に勝利したとしてもそこにつぎ込んだ費用を回収できなくなる場合であり、これはしばしば紛争解決の期が「熟した（Ripe）」状態として言及される[20]。

自由主義的な基礎を持つ紛争のダイナミズム、換言すれば調停のプロセスに焦点を当てるアプローチは、紛争の根源にある問題の解決よりもいかに現実の紛争を停止させ和平を達成するかというところに注目する。このアプローチをとる論者たちは、往々にして紛争の根源をたどり基底にある問題を明らかにすることが不可能、もしくは少なくともかなり難しいことを前提とする。実際、現実に勃発した紛争を見れば、当事者たちはそれぞれに紛争の理由を持ちながらも、そうした理由がしばしば異なった視点から派生しているため、紛争の根源それ自体を両者が合意できる形で明確化することは非常に難しい。そのため、この自由主義的なアプローチからは主として紛争の理由はともかく、とりあえず紛争主体が合意できる点を模索するという方法論が導き出される。そして、そこでの理論的な支柱となったのはゲーム理論など近代経済学（もしくは厚生経済学）に依拠する理論である。そうしたなかで最も広く知られているのは、ガルトゥングによる「トランセンド」と呼ばれるものであり[21]、これはミクロ経済学でしばしば効用曲線の説明に用いられる予算線の概念を紛争解決に流用したものである（図1）。

この図は、αとβという紛争主体の間での可能な勝ち負けの組み合わせを意味している。図の左上から右下に伸びた線は、αとβがそれぞれに求める結果がいわゆるトレード・オフ（ゼロ・サム）の関係にある場合の組み合わせを表している。点AおよびBは、それぞれαもしくはβが一方的に勝利した場合の組み合わせを意味し、その中間であるCの点は50／50でお互いが妥協したことを意味する。点Dはいわゆるポジティブ・サムの関係を意味し、点Eはネガティブ・サムの状態を意味する。またEの場合にはこの紛争に介入してきた第三者としての仲介者、もしくは何らかの形でこの紛争に関係した第三者が利益を得ることを意味している。この図からいえることは、紛争当事者にとってはDの状態が最も紛争解決の可能性が高くEが最も低いということである。

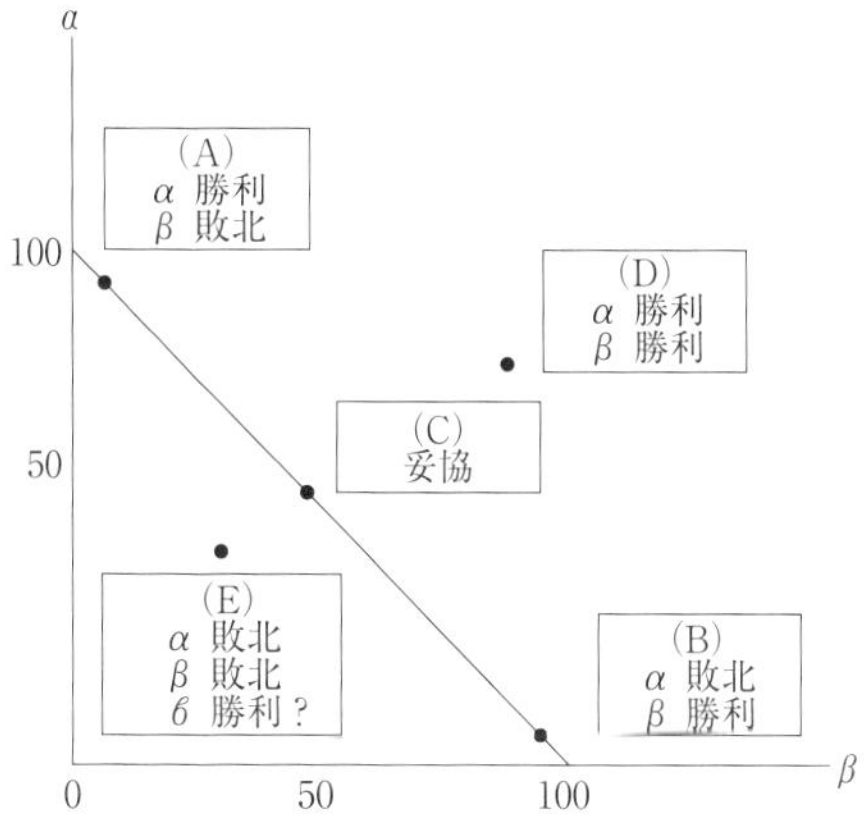

図１　ガルトゥングの「トランセンド」

出典：Peter Wallensteen, *Understanding Conflict Resolution : War, Peace and the Global System*, Sage, 2002

この図はあくまでも抽象的なレベルで、ガルトゥングがいう「Transcend（トランセンド＝超越）」的な紛争解決の可能性を描写したものであるが、点Dもしくは点Eという組み合わせがありうることは少なくとも感覚的にこの図から理解することができる。同様の結論は、ゲーム理論の典型的なものである「囚人のジレンマ」からも導出することができる（表1）。

表1は典型的な囚人のジレンマゲームであるが、

		A	
		否認	告白
B	否認	(3・3)	(4・1)
	告白	(1・4)	(2・2)

表1　囚人のジレンマ

出典：John Baylis, Steve Smith and Patricia Owens, *The Globalization of World Politics: An Introduction to International Relations*, fourth edition, Oxford University Press, 2008, p.304.

AとBという二人の囚人が別々の取調室で尋問を受ける状態を前提としている。ここで重要なのは、この二人が「別々の取調室」にいること、すなわちこの二人の間には意志の疎通がないという前提である。括弧内の数字は、左側はA、右側がBにとっての選択を意味している。1から4の数字は両者にとっての結果を表し、4が最も好ましく1がその逆を意味する。尋問を受けているとき、AはBが否認した場合と告白した場合の両方のケースを勘案する必要がでてくる。Bが否認し、Aが否認した場合のAの結果は3であり、Aが告白した場合はAの結果は4となる。この場合、Aはより好ましい結果をもたらすであろう告白を選択する。またBが告白しAが否認した場合のAの結果は1であり、Aが告白すれば2となる。そのため、この場合もAは告白を選ぶであろう。Bの選好も同様の方向性を示すことから、この場合の均衡点は両者が告白する右下の（2・2）となることが予想される。これは両者が否認した場合の左上（3・3）よりも、両者ともより好ましくない結果となることを意味している。しかしながら、A・B間に絶対的な信頼感が存在する場合や両者の間に何らかのコミュニケーションがある場合は左上の答えを選ぶこともありえるであろう。これが図1においてDとして表された組み合わせを意味する。

ここで紹介した二つの理論は、ともにいかにして紛争解決が可能となるのかを説明する。そこでトランセンド理論における（D）の点、囚人のジレンマにおける左上の組み合わせを可能とするような紛争処理の方法が模索されることになる。しかしながら、一次的にこうした形で紛争が解決されたとしても、その根源にある問題が解決されない場合は往々にして紛争が再発する可能性がある。この紛争の原因に注目するのが三つ目のベーシック・ニーズ論である。

開発学などで使われるベーシック・ニーズは一般的に物質的な物に対する欲求を意味するが、紛争解決でいうベーシック・ニーズはそれ以外にも政治的なアクセスや人間としての尊厳なども含む[22]。もしも紛争がこうしたニーズが満たされないことによって発生するのであれば、紛争の解決はその紛争の当事者たちにとってのニーズの確定とその充足が第一義的な課題となるであろう[23]。こうして持たざる者に焦点を当てることから、この理論がマルクス主義的もしくは唯物論的な階級主義の流れにあることは明白である。しかしながら、一般的な史的唯物論とベーシック・ニーズ論が大きく異なるのは、前者が紛争それ自体を資本主義に元来備わっている特質の避けられない結果であるとし、その解決は資本主義の超越すなわち社会主義革命にしかないと理解するのに対して、ベーシック・ニーズ論は必ずしも資本主義の全面的な否定のみが紛争解決の方法論であるとは見なしていないところにある。そのため、伝統的な唯物論においては紛争主体による交渉や妥協の可能性が否定されがちなのに対して、後者においてはまさにそうした方法論こそが紛争解決の中心となる。つまりベーシック・ニーズ論は、伝統的な唯物論において否定されてきた社会民主主義的な方向性がその理論的支柱となっているのである。

　これらが国際関係学を基礎としながら展開してきた紛争解決理論であるが、そこに一貫して特徴的に見られるのは、ベンサム的な功利主義の流れを汲んだ理論的な展開である。換言すれば、紛争を主体による合理的な計算に基づいて説明しようとするものであり、これは紛争解決理論が一九六〇年代以降に発達していくなかで、国際関係学における行動主義の影響を強く受けたためであると考えられる(24)。またこの傾向は、現実主義的なアプローチをとる研究者に限らず、よりラディカルな説明を試みた紛争解決論者たち、例えばケネス・ボールディングやヨハン・ガルトゥングなどにも見ることができる。ボールディングもガルトゥングもともにもともと経済学を専門とした研究者であることを考えれば、このことは驚くに値しないであろう。

四　ナショナリズム・宗教・文化――境界とその狭間

　行動主義的な紛争解決理論の一つの問題は、その前提とする主体像が画一化され、狭義に設定された便益を最大化するという目的のみが紛争の原因とされてしまうことにある。換言すれば、こうしたアプローチが前提とする便益以外の目的に向けた異なる合理性――たとえば、現れの問題――は、その分析の範囲からはずれてしまうことになるのである。現れとしての暴力的紛争を分析するためには、紛争にかかわる文化的な主体性の問題を理解する必要がある。現代社会において、おそらく文化論が最も鋭く直接的にアイデンティティの問題に切り込めるからである。しかしながら、国際関係の舞台に主体として登場することは、現在の国家間システムにおいては否応なく国家の問題に引き込まれることも意味する。その主体が民族や宗教といった文化的な要因によって統合されているとしても、その主体が国際社会の一員となるためには国家としての形式を持つ必要があるのである。このことは、そうした文化的・民族的な主体が何らかの形で政治的な主体となることを意味している。ここに、ナショナリズムが紛争解決のなかで重要な意味を持つことが明らかになる。つまり、ゲルナーの有名な定義がいうように、ナショナリズムとは一般的には「政治的な単位と民族的（文化的）単位とが一致すべきであるとするひとつの政治的原理」として理解されてきたからである(25)。

現代世界における紛争の一つの典型的なパターンとして、その主体が民族・宗教・文化といった形式上非政治的な集団の形をとって現れてきたことは近年の世界状況を見れば明らかであろう。これは、主として「内戦」という形で顕在化し、往々にして暴力的な抵抗をともなう。この紛争の流れは、いわゆる冷戦の終結後に特徴的な現象であるといわれる。そこでの例として頻繁に言及されるのは、ボスニア、クロアチア、コソボ、チェチェン共和国などであり、これらの紛争は往々にして民族や宗教といった文化的ファクターと結びつけられながら語られてきた。これらの紛争に共通するのはその徹底した暴力性と固定化された文化性であり、この二つが絡み合ったところで、いわゆる「民族浄化」というような第二次大戦期のナチズムによるユダヤ人虐殺に匹敵するような悪夢が生み出されたことは記憶に新しい。

文化の固定性は、ナショナリズムの定義それ自体から必然的に導かれる。なぜなら、文化的単位を政治的単位と重ね合わせようとすることは、あやふやで境界の不確定な民族や言語といった文化的存在を無理矢理に固定的な国家という箱に詰め込むようなものであるからだ。つまり定義上、境界の策定が難しい概念である文化が、国家という確立された境界の存在に基づく概念に連結されることによって、ナショナリズムが生み出されると考えられるのである。ただし、この場合の文化概念はベネディクト・アンダーソンがいうように「想像の共同体」を生み出す契機としても理解される[26]。ナショナリズムの媒介によって、文化と国家という境界の観点から相反する概念は逆に相互補完的に変化するのである。

概念としてではなく、実体としての文化や歴史は往々にして国家によって生み出されてきた。普通教育がここで大きな役割を果たしたのはよく知られるところである[27]。そこで強調されるのは、その国家がいかに他の国家と異なるのかというところであり、これが主として実体としての文化が国家形成のなかで負う役割であると考えられる。つまり、芸術、建築、文学、芸能、美術といったものが一貫してその国において独特の形で発展したこと、その美しさや価値は他者（すなわち外国人）によって簡単には理解できないことなどが教え込まれるのである[28]。こうして、国家の存続についての基礎的な社会秩序維持の原理が教え込まれ、そこで国家の存在が担保される。

しかし、文化概念を国際関係で語るときには、文化のもう一つの側面を無視するわけにはいかない。それは、「アカルチャレーション（Acculturation）」と呼ばれる現象であり、これは、異なる文化を持つ集団が持続的な直接的接触を行なって、いずれか一方または両方の集団のもとの文化の型に変化をもたらす現象を意味する。[29] つまり、文化は接触することによって紛争とともに相互変容をもたらすのである。国家概念と密接に関連するナショナルな文化概念は、短期的にはハンティントンのいうような「文明の衝突」をもたらす可能性はたしかに高いが、[30] 中長期的な視点から展開される理論であるアカルチャレーションを通して変容する文化概念は、異なる文化間の相互理解を進める可能性を持っている。文化とは衝突しながら変容するというやっかいな存在なのである。

ところが、国家による文化の植民地化、すなわちナショナリズムは、必然的に暴力的紛争という問題と連関している。なぜなら、マックス・ウェーバーが定義したように国家とは合法的暴力の独占をもって理解されるからである。[31] 事実、非暴力抵抗が見られた国々で、その独立が達成された途端に暴力的な出来事が起きるのは、必ずしも珍しいことではない。インドにおいては、一九四七年にヒンドゥー教徒によるイスラム教徒に対する虐殺が起きており、[32] 最近の東チモールの独立後にも暴力的な紛争が頻繁に見られた。デンマークにおいては、政府自らが近代刑法の根幹である不遡及の原則を破り、占領下においてナチスに協力したデンマーク人数百人を検挙し、そのうち五十人あまりを処刑している。[33] こうした出来事は、ナショナリズムに基づく非暴力運動、すなわち政治的単位と民族的・文化的単位とが一致することを目指した平和的行動を基礎とした政治思想が、実際にその目的を達成した途端に非暴力性を失うというアイロニーである。ここに暴力的紛争と国家に緊密に連結された暴力性との関係が明らかになるのである。

では、このアイデンティティと国家との不幸な結婚による暴力性の噴出はいかにして避けることができるのであろうか。そこにはさまざまなアプローチの可能性があり、同時に多様な紛争解釈の可能性がある。つまり、何が暴力的紛争の中心的な要素なのかという視点が、いかに暴力的紛争を回避するのかという方法論と緊密に繋がっているのである。しかし、もしも主権国家という概念自体が暴力性を導くと仮定した場合、それらのアプローチの多くは現実性を失うこととなる。なぜなら、これまでのほとんどの紛争解決のアプローチは国家をその中心的な主体に位置させることに疑問を持ってこなかったからである。逆にいえば、現代の紛争解決という文脈では、この主体を揺り動かすような新たなパーセプションが必要とされるのである。

五　人の移動／文化の変容と紛争解決――流動的アイデンティティと紛争

もし国家概念それ自体が暴力的紛争の一つの主要な原因であるとすれば、紛争解決の方法論もまた国家概念それ自体に対する批判的な考察を必要とするであろう。その一つが、近年注目を集めているディアスポラ論・移民論である。ディアスポラとは元来、パレスチナを追われたユダヤ人を示す言葉として理解されてきたが、現代においてはより広範な定義をもって理解されている。すなわち、国境を越える主体である。それは個人の場合もあれば、集団の場合もある。また経済的利益を求めるなど積極的に国境を越える場合もあれば、政治的な理由などから消極的にそうする場合もある。つまり、ディアスポラという言葉それ自体はその理由を問わず、国境を越えて生活しているという事実のみをもって理解することができる概念なのである。

では、なぜディアスポラが紛争解決の可能性を持つといえるのであろうか。その一つの可能性は、経験的な研究から導き出される。例えば、インド研究の第一人者である長崎暢子はガンディーの非暴力運動の分析から、ガンディーのディアスポラ性が彼に独特の思想・運動形態を与えたという理解を提示している。そこでは、イギリス、南アフリカそしてインドとその活躍の場を移してきたガンディーが、国民国家という枠組みを縦横無尽に駆け抜けることによって、さまざまな経験や社会思想を接合させながら非暴力運動、すなわちサティヤグラハへと行き着いたとされる(34)。つまり、ポスト構造主義的な言い方をすれば、ガンディーは所与の構造をずらし、揺り動かす主体として理解できるのである。

またソ連の最後の大統領となったゴルバチョフは、大学以来チェコからの留学生であったズデネク・ムリナーシュと親交を深めていた。このムリナーシュはのちに一九六六年の「プラハの春」の理論的指導者となる人であり、彼がプラハの春の前の段階でゴルバチョフにチェコスロバキアの状態を語っていたことをゴルバチョフはその回顧録で語っている(35)。そして、ゴルバチョフがのちにソ連で行なったペレストロイカやグラスノスチがプラハの春で主張された民主化と似ていることを考えれば、ムリナーシュがゴルバチョフに大きな影響を与えたであろうことは想像に難くない。つまり、ここでもディアスポラ的な主体が国民国家の枠組みに影響を与えたということができるであろう。

さらに、第二次大戦中のデンマークにおけるドイツ統治組織の高官であり、デンマークの奇跡の中心人物となったジョージ・ダックヴィッツもまた、ドイツ生まれながらスカンジナビアで活躍したビジネスマンであった。彼はスウェーデンにおいて商船関係で財をなし、その後デンマークへと移住する。ドイツによるデンマーク占領が開始されたとき、彼のデンマーク在住期間はすでに十数年となっていた。ナチス高官のワーナー・ベスト将校がユダヤ人の「最終解決」を打ち出したとき、ダックヴィッツはためらいもなくこれをデンマークのユダヤ人組織やデンマーク政府高官たちに伝えるのである。(36) これもまた彼の国境を越えるアイデンティティのなせる技であったといえるであろう。

ただしここで注意が必要なのは、ディアスポラ性が機械的に非暴力的な紛争解決に繋がるわけではないということである。なぜなら、ここにあげた例からも明らかなように、紛争解決に貢献したディアスポラ的主体は紛争(もしくは紛争可能性)を導く境界線上を乗り越えたという共通点があるからである。つまり、単に国境を越えた主体性を身につけるだけでなく、その越え方に一定のパターンがあるように見受けられるからである。ガンジーの例でいえばそれは英国とインドであり、ベルベット革命を暴力で粉砕しなかったゴルバチョフ(およびそれに影響したと考えられるムリナーシュ)においてはソ連とチェコスロバキア、そしてダックヴィッツにおいてはドイツとデンマークというように紛争の当事国(もしくは主体)の間を移動しているのである。そしてこのことは、例えば、その意図は別としても結果的に軍国主義をサポートした京都学派のメンバーのように、国境を越えたにもかかわらず戦争を支持した人々の存在(彼らは主として同盟国であったドイツへと留学している)からも推測できる。そしてこの特徴は、どのようなディアスポラ的紛争解決理論が展開できるのかという点について戦略的なスタート地点を提供するのである。

六　紛争解決理論としての国際文化論

上記の議論が示すように、もしも紛争主体間の境界を越えるディアスポラ的主体が紛争解決についての一つの糸口を提供するとすれば、それはどのようにして理論的に展開できるのであろうか。この流れで最初に思い出されるのは、ドゥルーズとガタリによるいわゆるリゾーム論であろう。彼らは暴力的な言説を生み出す樹木的な社会（すなわち国家的組織体制）ではなく、四方八方に広がるリゾーム（根茎）的な社会の展開を主張する。このことは、例えば自治体外交による姉妹都市提携などにその具体的な表現を見ることができる。事実、一九七〇年代から八〇年代にかけてのアメリカのラディカルな都市においてはソ連の都市との姉妹都市形成が展開されたことが報告されている。国政レベルでの軍拡競争の裏側で、それに異を唱える首長や地方議員が積極的にこうした戦略をとったといわれ、姉妹都市協定は紛争解決の一つの方法として地方政治レベルでは広く認識されている(37)。

また姉妹都市協定は、カントがその永劫平和論のなかで述べている経済的な繋がりによる平和構築という理論とも合致する。近年の姉妹都市協定は、その主要な焦点を多文化理解と同時に貿易・直接投資などの促進へと向けつつある。まさにこの自由主義的な経済関係がカントのいう永劫平和における「商業の役割」と重なってくるのである。カントはこの点に関して次のように述べている。

自然は、たがいの利己心を通じて、諸民族を結合させているのであり、これなしで世界市民法の概念だけでは、民族間の暴力と戦争を防止することはできなかっただろう。これが商業の精神であり、これは戦争と両立できないものであり、遅かれ早かれすべての民族はこの精神に支配されるようになるのである(38)。

もちろん、自由主義的経済関係が即時的に平和をもたらすわけではない。貧富の差が拡大することによってかえって紛争を生み出すことも十分に考えられるし、実際に経済関係による紛争はあとを絶たない。しかしながら、同時にそれをもって自由主義を断罪するのはあまりに拙速すぎるともいえる。なぜなら、カントがいうように、少なくとも権力関係の比較的小さい主体同士において経済関係が深化することは、紛争予防としては十分に可能性があると思われるからである。特にそれが地域都市間のように合法的暴力を行使する権利を持つ主体ではない場合、その可能性はより高くなることが予測される。

リゾーム的な国際関係はもちろん都市による姉妹都市協定などに限られない。近年、非常に高い関心を呼び起こしているいわゆるグローバル市民社会論が注目するNGO(非政府組織)やCSO(市民社会組織)もまた、紛争予防の主体として理解することができるであろう。イシュー・スペシフィックなＮＧＯやＣＳＯが国境を越えて連携することによって、国家を主要な構成メンバーとする国際社会に大きな影響を与え始めていることは明らかである。一九九九年のシアトルＷＴＯ会議や対人地雷禁止条約でＮＧＯが果たした役割はよく知られるところである。また、その国際社会におけるプレゼンスは年々増大しており、現在では国連関係やさまざまな国際会議においてＮＧＯの参加が当然視されるところまできている。

現在の紛争解決理論における一つの問題は、こうした市民レベル・地方都市レベルの外交が十分に展開されておらず、いまでも国際関係・外交というとすぐに国家対国家という関係がイメージされるところにある。そしてまさにこの点に、将来の紛争解決理論の地平が広がるのである。

第五章　アメリカ政治経済の特性と文化論の隆盛

9・11、アフガニスタン、イラク。この三つの言葉が指し示す場所は、アメリカという言葉と直接的に連関している。一般的にそこで語られる言説は正義／悪、自由民主主義／イスラーム、正統性／テロリズム、安定／混沌、そして文明／野蛮といった二項対立によって彩られる。これら一連の紋切り型の対立構造はすべてアメリカという自己、すなわち物語の語り手としての主体と、自己としてのアメリカが自身を主体として存立させるために必要とする参照項としての他者との対立として理解することが可能となる。しかしながら、アメリカ政府が発表する談話・声明がこれらの対立項によって形づくられる一方、これらの対立項自体の説得力を疑問視する議論も多く聞かれる。9・11直後の圧倒的なブッシュ政権支持のアメリカ世論の動向（例えば二〇〇二年十一月の中間選挙）は、徐々に後者の議論にウエイトが移動していることを示しているともいえるであろう。

この背景にはアフガニスタンおよびイラクにおける戦争の国際法上の正当性について提示された多くの疑問点があることは明らかである。特にイラクにおける戦争は、国連安保理における議論および国際法上の「戦争」の定義についての一般的な解釈を無視した形で遂行された。これらのことがアメリカの世論に影響し、それがブッシュ政権に対する支持率を低下させていたことは明らかである。しかしながら、本章において注目したいのはより長期的なスパンで見たときのアメリカであり、第二次大戦後の絶対的な覇権状態から政治経済的に徐々に凋落し、相対化されていくアメリカである。

ここでの主要な関心は、アメリカを相対化することにはない。むしろここでは、絶対から相対へと変化していくアメリカ＝象徴的ファルス（男根）についての政治経済学的な分析であり、このアメリカなるシニフィアンが指し示すと考えられながら、同時にそこから大きく逸脱していく現実界的なものの変遷を描くことにある。

一　象徴界と現実界――自由民主主義の覇権と政治経済構造

戦後のアメリカにおける言語社会的な再生産のシステムは、アメリカという国際的な象徴的存在――それは自由と民主主義とを具現化した先進的な覇権国家というイメージを生産する――と政治経済的な意味での実体的なアメリカとをつねに結び続けてきた。前者は、圧倒的な覇権国として普遍的価値を供給するアメリカであり、後者はマテリアルな国際政治経済構造のなかでのアメリカであった。この圧倒的な政治経済的権力に支えられた覇権国としてのアメリカは、つねに他の国々の人々の羨望の的であり、そのライフスタイルは世界各地に広がっていった。象徴的ファルスは世界中の人々の欲望を一身に集めたのである。そして、このことは同時に覇権国としてのアメリカを欲望することを意味し、アメリカの生産物に対する実体的な需要を喚起した。つまりアメリカの国際的な優位をさらに増強したのである。こうして象徴的なアメリカと現実的なアメリカとは相互に補完する関係にあった。

このシステムを維持していくためには、世界的な政治経済の安定性が不可欠であった。戦後の国際政治経済システムのプランナーたちはドルを金と結びつけ、その他の貨幣をドルと結びつけた。いわゆるブレトンウッズ体制の誕生である。この新たな国際的な政治経済体制は、管理された金融政策と自由貿易との組み合わせによって世界政治経済の安定的な成長を達成する試みであった(1)。しかし、この安定化政策は一九七一年のニクソンによるドル兌換停止措置、いわゆるニクソンショックによって終わりを告げることとなる。こうして、金本位制を失った国際金融制度は当然のように支柱を失い、世界政治経済は一気に変動相場制へと移行した。

では、ニクソンショックとは何だったのであろうか。もちろんこのことは金本位制の終焉を意味している。しかしその背後にある世界的な政治経済構造の変化についてはさまざまな解釈が可能であろう。一般的なものとしては、ヨーロッパや日本の戦後の荒廃からの立ち直りがあげられる。第二次大戦の主戦場となったヨーロッパや、軍事的な全面戦争と敗戦によって疲弊していた日本においては、アメリカからの援助は戦後復興の重要な柱であった。終戦直後には、アメリカからの援助は主としてアメリカにおいて生産されていた財の輸入という形で環流していた。つまり、アメリカから流れた資本がヨーロッパや日本を経由して再びアメリカに環流するというシステムである。この段階においては象徴的なアメリカの基盤が揺るがされることはなかった。しかし、それらの地域における戦後の経済成長が始まると、この環流のプロセスは滞ることになる。なぜなら、ヨーロッパや日本での自給体制ができあがるとアメリカから輸入していた財が国内で生産されたものによって代替されるようになり、また同時にそれらの地域からの輸出財がアメリカ市場に出回るようになり、アメリカからの資本の流出が始まったからである(2)。このことは、同時にアメリカが提供してきた象徴的なライフスタイルを実現するにあたって、それぞれの地域/国家がアメリカの生産物に頼る必要がなくなったことを意味している。

第二に、朝鮮戦争に始まる戦後アメリカの地域的な紛争への積極的な介入および冷戦構造による負担増という軍事的な問題が注目されるであろう。覇権国として、世界の平和・安定に貢献するという大義名分と一触即発の冷戦構造のなかでの反共主義とが絡み合ったこれらの紛争・戦争による戦費の負担は、アメリカ経済を根底から揺るがす結果となった。つまり、普遍的な価値の供給者としての「アメリカ」は、その基盤を提供するはずであった政治経済領域に過分の負担をかけ、その結果、後者の構造が押しつぶされたという解釈である(3)。

いずれにしろ明らかなのは、一九七〇年代初頭のニクソンショック、中頃の極度のインフレ、一九八〇年代の双子の赤字という出来事に象徴されるように、ベトナム戦争以降の実体的なアメリカ経済は一気に悪化していったということであろう。しかしながら、ここで注目すべきことは、こうした経済的な悪状況にもかかわらず、基軸通貨としてのドルの位置が大きく脅かされることは少なかったということである。逆に、不安定化した当時の世界的な金融市場においては、「有事のドル」という金融市場におけるヘゲモニックな位置関係は強化されたようにさえ見える。貨幣がすぐれて国民国家的なものであるという事実と、軍事的・政治的覇権としてのアメリカというシンボリックな存在がまだ有効であったためである。

この状態を知的な方向からサポートしたのは政治学と経済学との分離であった。軍事力と経済的権力との密接な関係は、国際関係学のスタート時からE・H・カーなどによってたびたび指摘されてきたことであるが、一九六〇年代、七〇年代、そして八〇年代前半における国際関係学は主として行動主義／歴史主義との対比のなかで語られており、そのいずれもが経済的な側面にほとんど注意を払わなかったということが、アメリカ経済の急激な凋落と政治的な覇権国家としての強固なプレゼンスとの矛盾という問題を看過する原因となったであろうことは想像に難くない。逆にいえば、一九八〇年代後半になって続々と現れてくる、コックス、ギルピン、スペロなどに代表される国際政治経済学という学問領域の登場や、ウォーラースタインの世界システム論への再注目などは、アメリカの経済的衰退と象徴的なアメリカとしての政治的覇権との関係にいよいよアカデミズムが注目し始めたことを表していたといっても過言ではない。そして興味深いのはいずれの理論も覇権国アメリカの凋落に注目していることである。

ウォーラースタインの世界システム論は、覇権国とそれに挑戦する国々との関係をオランダやイギリスなどの事例からモデル化して理解しようとする。そこでは一国の他国に対する農業や工業のアドバンテージがその国の商業やサービス産業の世界経済における支配的な地位を導くとする。そしてこの商業的な支配は金融の支配へとつながっていく。しかし、競争国の出現によって覇権国の優位性は徐々に減少する。その順番は、生産業、商業、そして金融という順番である。そしてこの文脈からいえば、現在のアメリカは生産業でのアドバンテージを失い、サービス産業での優位性を維持しているという段階として位置づけられるであろう(4)。

現実主義者であるロバート・ギルピンもウォーラースタインの世界システム論的解釈と非常に近い説明を提示している。先進国としての覇権国は、その国内における産業的な変化、および国際的な政治経済構造の変化によって、必然的に支配的な地位を失うとする。ウォーラースタインの場合と同様、農業からスタートする国内経済の重点は、徐々に産業から商業へとシフトしていく。そしてある国の拡大傾向は一定の「均衡点」において極限に達し、それ以降は世界経済におけるその国のポジション維持のためのコストがその国内の社会の安定に要するコストの増加率を上回るようになる。それは国際的な公共財——ギルピンはそれを国際的な警察機能として理解している——を提供しなければならないという覇権国の責務によるものである(5)。

二　冷戦構造からグローバル経済へ――国際政治経済の現代史

双子の赤字と迫りくる通貨危機

レーガンが大統領となったときのアメリカは、石油価格の高騰ととどまるところを知らないインフレとによって明らかに打撃を受けそして疲弊しきっていた。強いアメリカを標榜し、同時に大規模な減税と歳出削減という経済政策を全面に打ち出して登場した元ハリウッド俳優は、さぞかし頼もしく人々の目に映ったに違いない。言葉を換えれば、ロナルド・レーガンは合衆国が失いかけていた絶対性・普遍性、すなわち象徴的な意味でのファルスとしての「アメリカ」を表象していたはずである。

彼の政策は圧倒的に支持された。レーガンの経済政策、すなわちレーガノミクスは新古典派経済学と呼ばれるサプライサイド理論、マネタリズム、そして合理的期待形成学派（および合理的選択学派）という新しい理論群に支えられていた。それらは、本来はそれぞれに異なる理論展開をするのであるが、そこでの政策の支柱は以下のようなものであった。すなわち第一に個人所得税および法人税の減税、第二に国防費以外の財政支出の削減、そして第三に金融引締政策である。そしてこの政策は、一九七〇年代にアメリカを襲ったスタグフレーション、すなわち景気後退（スタグネーション）とインフレーションという組み合わせの経済的混乱がそれまでの伝統的なケインズ理論に起因するものであるという風評とともに、圧倒的に支持されることとなった(6)。

しかしレーガンが打ち出した減税と軍備増強という組み合わせは、約束された歳出削減の失敗をともないながら結果的に極端な需要喚起政策となり、さながらジェットエンジンをつけたケインズ政策となった。その結果は、経済成長と極端な財政赤字であった。この状態は金融引締政策と相まって、あやうく「クラウディング・アウト」を生み出し民間企業が金融市場から疎外されるという事態を導くところであった。しかし、引締型の金融政策は高金利／ドル高へと結びつき、これによって海外資本の大規模な流入が起こったことで最悪の事態は免れた。レーガン政権はドル高をアメリカの強さの象徴と主張したが、実際は財政政策の失敗による金融市場の逼迫であった。この経済状態は当然ながら民間企業の業績を悪化させ、製造業に致命的な打撃を与えた。一九八〇年から八六年にかけての実質GNPの伸びは年平均二・四パーセントであり、七〇年代のそれをも下回った。貯蓄と投資のバランスに目を移すと、八〇年には可処分所得の七・一パーセントだった個人貯蓄は八六年には三・八パーセントと激減した。連邦政府の財政赤字は八〇年度の七百四十億ドル（GNPの約二・五パーセント）から八六年度には二千二百十億ドル（GNPの約五・五パーセント）まで拡大した。その結果、民間と政府を含めた国民総貯蓄は八〇年の対GNP比一六・二パーセントから八六年の一二・八パーセントへと落ち込んだ。その最大の結果は八五年の債務国への転落である。(7)

国際マクロ経済学的にいえば、この債務国への転落は財政赤字と強く関連している。(8)そしてそれはレーガン政権も十分に理解していたはずである。それにもかかわらずレーガン政権の財政赤字は年々増え続け、一九八一年度の対GNP比二・六パーセントから八五年度の五・四パーセントへと増大した。

公債依存度も八〇年代前半は軒並み二〇パーセントを大きく超えている(9)。こうしてレーガン政権における経済財政政策はアメリカの経済的な地位を大きく減退させることとなった。特に製造業に与えた影響は大きく、多くの企業が倒産／合併を余儀なくされ、アメリカの製造業の国際的な競争力は大きくそがれた。

アメリカの経済、特に製造業の衰退はアメリカの経常収支を大幅に悪化させた。毎年数千億ドルの経常赤字を続け、累積額では他国を寄せ付けないほどの対外債務を抱え込むこととなった。クリントン政権時には何とか財政の均衡を一時的に達成したが、ブッシュ政権になってからは再び極端な赤字財政に転落し、毎年ほぼ五千億ドル、二〇〇六年度の超過債務の額は八千億ドルに達するとも予想され、アメリカは世界全体の純貯蓄の三分の二を奪い取っていたことになる(10)。

マクロ経済学の教科書的な言い方をすれば、経常赤字を出し続けている国の為替相場は大きく下落するはずである。その国の通貨に対する需要が減少するためである。たしかに、ニクソンショック前の一ドル＝三百六十円の時代と比べれば、現在のドルの価格は大きく下落している。しかし、この赤字のインパクトはその程度にとどまるとは考えられない。そして、その当時多くの経済学者、経済評論家、金融ブローカーたちが予想していたのはドルのクラッシュであった(11)。

さらにこの状況に追い討ちをかけているのは、ユーロの対ドルで見た堅調な動きである。統一された莫大な経済規模を誇るＥＵの通貨は、ドルに対して大きく価値を増加させてきた。一九九四年に一ユーロ＝〇・八ドル前後だったのが、二〇一二年十二月現在では一・三ドルあたりまで上昇している。

一・五倍以上の為替変動である。こうしてアメリカ経済の大きな流れを見てくると、そこにあるのはアメリカの経済的な凋落および経済的ヘゲモニーのＥＵへの移動の可能性である。イラク戦争はこの覇権の移行にともなうものであったという議論も少なからずある。事実ジジェクは、次のように述べている。

> 合衆国とイラクの戦争は、その現実的な社会的・政治的内実からすれば、アメリカ合衆国とヨーロッパのあいだでの最初の戦争である。すなわち何人かの経済学者がすでに示唆しているように、もしもこの戦争の真の経済的なねらいが、石油資源を支配することが第一なのではなく、合衆国ドルの強化、ユーロに対するドル敗北のあらかじめの防止、ますます「現実的な」価値に「覆われなくなって」いるドル（合衆国の膨大な負債／罪　debt について考えてみよ）の崩壊に対するあらかじめの防止をこそ優先課題としているのだとすればどうであろう。今日、統一されたヨーロッパは、アメリカ合衆国が課そうとする新世界秩序にとっての、主要な障害なのだ。(13)

そして、アメリカについての国際政治経済学の主要な関心は覇権の移動が起きるかどうかではなく、それがいつ・どのような形で起きるのかというレベルへと移っていると断言してもよいであろう。

サービス産業と文化支配――WTOにおけるGATS

こうして覇権の移動可能性がささやかれるなか、まだそこにはアメリカにとっての一つの光があった。すなわち、サービス産業の優勢である。製造業における圧倒的な優位を失ったアメリカ経済は、その重点をサービス産業／文化産業へとシフトさせていく。ものづくりの低迷の一方で、世界的な規模でのライフスタイルを規定する権力は維持されてきた。つまり象徴的なファルスとしてのアメリカである。戦後の世界政治経済のなかでもともと優位を持っていたアメリカの文化産業は、こうして八〇年代以降重要性を増した。特に音楽産業や映画産業、そしてテレビ産業といった分野においてその優位性は顕著である。映画産業におけるハリウッド映画のようにエンターテイメント分野においてはアメリカの牙城となっている。

例えば、アメリカと政治経済的覇権を競い合っているEUにおいてさえ、アメリカ製映画の収入は増加傾向にある(14)。日本においても状況は同じで、ハリウッド映画の優位性はそう簡単に崩れそうにない。逆にアメリカ市場における外国産の映画の上映は非常に少なく、このことからもアメリカがこの産業において優位性を保っていることがわかるであろう。また、音楽産業においてもやはりアメリカのロック・ポップスなどが世界の市場の大部分を占めており、これもまた他国からの輸入が輸出に比べて非常に少ないことは明らかであろう(15)。

合衆国が優位性を持つサービス産業はエンターテイメントに限らない。それ以外にも金融やITなどの産業では圧倒的な優位を誇示してきた。そして、このことは世界的な貿易の取り決めであるGA

TT（関税貿易一般協定）、そしてそのあとに正式な国際機関となったWTO（世界貿易機関）の方向性に大きな影響を与えてきた。事実、GATT内でサービス貿易について議論が始まったのは一九八二年であり、このことはアメリカの経常収支赤字と強い連関があることは明らかである[16]。そしてそれを象徴的に表すのは、これ以降、主として財の取り引きについての協定であったGATTにおいて、「財・サービス」という言葉が恒常的に使われるようになったことである。その結果がいわゆるGATS（サービス貿易に関する一般協定）の成立であり、その内容は主としてアメリカの企業が得意とする企業買収や外資系企業の参入に対する規制の撤廃であった。それはアメリカの政府・財界が求めていたものと見事に合致する。そしてその主たる産業は、金融サービス、通信・コミュニケーション、海運、航空サービスと、これまた当時のアメリカの得意としたサービス産業と一致する。

ここで重要なことは、アメリカにおける製造業の衰退がサービス産業によって補完されるという側面のみではなく、この補完がWTOという国際機関――それは同時に普遍的な価値を表象すると仮定されている――を通してなされたことである。いまや覇権国家としてのアメリカの存続は国際機関――少なくとも形式上他国の同意が必要となる――というシステムを通すことによってしか成り立たなくなってきたのであり、そのことは覇権という言葉の意味を一国に基づくものから多国間にまたがるものへと徐々にずらし始めていたのである。

このことはサービス産業という側面のみに限られない。例えば安全保障の問題があげられるであろう。財政赤字に喘ぐアメリカ政府は、その莫大な軍事支出を自前で賄うことが困難になるにつれて、集団的安全保障の概念を持ち出してきた。集団的安全保障という概念は、本来的にはその内部に潜在的な「敵性国」を含みながら成立する超国家的な安全保障機構のことを意味する。[17]その意味で、第二次大戦前の国際連盟、そして戦後の国際連合はいずれもこの集団的安全保障概念を体現していたといえる。しかしながら、冷戦後のアメリカが持ち出してきた集団的安全保障論は微妙なズレを包含していた。すなわち、集団的安全保障という言葉が、アメリカの軍事的行動に対する他国による財政的負担の問題へと直接的に接続されていたからである。その意味で、合衆国政府にとって集団的安全保障概念とは失いつつある象徴的なポジションを取り戻すための方策であり、他国の実体的な協力の上に象徴的なアメリカを成り立たせようという試みであったと理解することも可能である。そしてそのためにアメリカはそれ自身が体現してきた自由と民主主義という「普遍的」なキーワードを崩れ行くアメリカの救済策として再発見する必要があったのである。

そしてこのサービス産業への重点の移行と集団的安全保障言説の隆盛において何よりも興味深いのは、これが象徴的なアメリカがアメリカ経済（特に製造業）の弱さを認め、他国の財政の支援を仰ぐという決定的な瞬間であったということである。つまり、今日の覇権は政府、文化的な領域で暗躍する多国籍企業、および安全保障に深く関与する軍需産業という組み合わせの上に成り立ち、さらに他国のそれぞれのアクターと協調関係を作り上げているのである。そしてこの覇権の中心は世界各地に点在し、合衆国、欧州そしてアジア（特に日本）にその拠点の多くを見ることができるのである。その意味で、日・米・欧のトランスナショナルな政策提言グループであるいわゆる「三極委員会」（七章にて詳述）などはこの新たな覇権構造の登場を予期させるものであったといえるであろうし[18]、今日のダボス会議などもその一つの中心と見なすことが可能であろう。そしてそれら象徴的なアメリカを引き継いだいずれの組織もワシントン合意、すなわち新自由主義の政策を堅持するものであるという特徴が見られる。つまり、今日の覇権とは、新自由主義言説を中心に据えた世界各地に偏在する統治システム（ネグリとハートの「帝国」[19]、ギルの「規律的新自由主義」[20]とほぼ同じものを指し示している）の別名であるともいえるのである。

この新たな統治体制はＩＭＦや世界銀行、そしてＷＴＯなどを巻き込みながら世界的な政治経済の見せかけ上の安定をもたらしている。そしてこの支配メカニズムにとって、最も憂慮すべき事態とはアメリカドルの暴落とアメリカ経済のクラッシュであろう。アメリカドルの暴落の影響がアメリカ経済のみにとどまらないことは、現在の相互依存的な日・米・欧関係を見れば明らかである。アメリカにおける株価の暴落が翌朝には日本の株式市場に大きな影響を与えるのを見れば、いかにこれらの市場が相互依存的かは理解できる。その意味で、アメリカドルの暴落はこの新しい統治体制にとっては絶対に避けなければならない事態である。そしてそれは基軸通貨としてのドルのとりあえずの維持と、そしてドルに過剰に頼ってきた世界金融体制におけるリスクのゆっくりとした分散化を必要とするであろう。そしてそのためには、アメリカ経済の低迷と歩調を合わせて今後低下していくであろうドルへの需要を、何とかして一定のレベルに維持していかなければならない。

三　国際文化論の登場と新たな他者

アメリカが支配する文化産業が世界全体に向けて発信する言説に埋め込まれた自由と民主主義の理念は、いま現在まさに地球全体を包み込むような形で存在している。この言説は、アメリカの覇権的な支配体制に批判的な者によってさえ、普遍的な価値として認められるようになってきているほどである。(21) そして最近のアメリカによる他国への介入、例えばアフガニスタンへの侵攻にしろ、イラク戦争にしろ、そして北朝鮮に対する日本やアメリカの態度にしろ、すべてはこの自由と民主主義という美名の下に理解されようとしている。そして、このコンテクストにおいてのみ、現時点における文化という側面からの世界情勢の理解が可能となる。

フランスの精神分析の専門家で思想家でもあったラカンは、十二カ月から十八カ月にかけての幼児が自己を認識するにあたって鏡に対する異常な興味を示すことから、いわゆる鏡像段階理論を展開した。ばらばらと感じていた幼児の身体が統一化されるプロセスである。そのプロセスのなかで鏡、すなわち自己を映し出すものの存在が決定的な役割を果たすのである。ソ連・共産圏という過去の鏡を失った現代のアメリカにおいて、テロリズムやテロ支援国家、そして非民主的国家はラカンの理論における鏡のような役割を果たしている。鏡が右左を逆転させて姿を映すように、それらの国々はアメリカと正反対の姿を映し出すのである。

しかしながら、テロリズムやテロ支援国家はもともとアメリカと正反対の姿をしていたわけではない。それは、民主主義と正反対のシニフィアンを求めるアメリカの欲望によって形成されてきた。つまり、自由／テロリズム、民主主義国家／テロ支援国家といった二項対立（しかもそれはアメリカ自身の生み出す言説のなかで新しく作られた二項対立である）の網の目のなかで、無理やりに生産されたシニフィエなのである。

この対立項の生産はいまに始まったことではない。例えば、ソ連は明らかに対立項として、しかも強力な対立項として冷戦時代に顕在化していたし[22]、貿易戦争においてはアメリカ／日本、すなわち公正な貿易国／不公正な貿易国という対立項が一九八〇年代に生み出されている[23]。こうしたアメリカが信奉し同時に世界的に流通させる「普遍的」な価値を鮮明にする他者の存在は、アメリカの正統性を維持するために必要不可欠なのである。そして、冷戦の終結とグローバル経済の拡大によってソ連・共産圏および日本といった他者の存在が薄れるにつれ、政治でも経済でもない領域における他者を必要とするようになった。この文脈で新たに生産されたのがまさにイスラームであり、原理主義的テロリズムである。

このイスラームおよびテロリズムの他者化は、すでに一九九〇年代の初頭に始まっている。それは政治と文化とを結びつけることによってなされた。こうした政治・文化領域における他者の生産の最も顕著な例は、サミュエル・ハンティントンの文明の衝突論である[24]。逆にいえば、冷戦構造の崩れた一九九〇年代前半の世界情勢において対立項を失って瀕死の状態にあったアメリカという表象の危機を救ったのが、ハンティントンに代表される国際的な文化論であったということもできるであろう。

こうしてアメリカの雑誌『フォーリン・アフェアーズ』に掲載された彼の論文「文明の衝突」[25]は瞬く間に世界を席巻し、九六年には同名の著書を刊行している。その影響力は甚大で、事実日本国内においてもこの時期に国際文化学部・国際文化研究科という名前の新設学部・研究科が続々と設置された[26]。

ハンティントンの議論はいたってシンプルであるにもかかわらず（もしくはまさにそれが理由で）世界的な反響を呼び起こした。その議論は、次のようなものである。ハンティントンにとって、文明の衝突とは歴史的な出来事である。すなわち、これまでの国家間システムとは、西洋の枠内での君主国家、民族、イデオロギーなどをめぐる闘争の場であった。しかし、冷戦の終結は新しい時代、すなわち非西洋が主たるアクターとして登場する時代の幕開けを意味した。これは次の四つのプロセスの交差によって生み出された。第一に、西洋の凋落、アジア経済の成長、イスラーム社会の勃興そしてグローバリゼーションによる商業・情報・人々の国境を越える激しい動きである。この新しい時代においては世界は八つの文明に分けることが可能である。ヒンドゥー、東方正教会、中華、および日本文明は明らかにそのコアとなる国家を持っており、また西洋に関してはアメリカ、イギリス、フランス、ドイツといった国々がその中心となっている。イスラームやアフリカ、そしてラテンアメリカについてはその中心は依然としてはっきりしていないものの、それぞれに共通の文明が存在することを否定することはできない。そして冷戦という大きな枠組みが崩れた今日において、紛争はこれらの文明の境界線に頻繁に起きることになるというのが彼の議論の主題である。そして何よりもここで注目したいのは、彼がその著書で主張する論点の一つが、これからの紛争はこれらの文明圏のなかでも特に西洋とイスラームおよび中国との間で起こりやすいという予測である[27]。

この議論は、天然資源、特に中東やカスピ海周辺の地域に当てはまる。実際にはイスラームの人々は中東ではなくアジアのほうが多いという事実にもかかわらず。またこの地域は「不安定な弧」と呼ばれ、近年特に注目を集めている。その裏側で暗躍するのはアメリカの文化産業である。つまり私たちがイスラームという言葉を聞いた瞬間に中東を意識するような継続的な情報が流されているのである。そしてとりもなおさず、この他者としてのイスラームは暴力的であり狂信的であるというようなイメージが繰り返しテレビなどのマスメディアを通して垂れ流されてきた。特に9・11以降においてはその傾向が強まっていることは明らかであろう[28]。このことは、アフガニスタンやイラクのような国々へのアメリカの介入を簡単に許すこととなったといえるであろう。この文化産業とアメリカという象徴的な存在との共犯関係こそ国際政治経済学がいま最も注目しなければならないものなのである。

第六章　グローバル市民社会と政治変容

国際関係学を詳しく学んでいくと、冷戦中と冷戦後との間に大きな断絶を見ることができる。冷戦中においては議論の中心はあくまでも国家であり、軍事力の均衡をもって世界を語ることができるという強い信念の下でいわゆる実証主義的な理論展開を見せた。これに対して、冷戦という大きな枠組みが崩れたあとにおいては、国家以外のアクターに注目が集まった。その端的な例が、異なる文明同士の間に横たわる「断層線」にそって紛争が勃発するであろうというサミュエル・ハンティントンの「文明の衝突」論である。(1) しかし、冷戦の終結を契機にした議論はハンティントンのみではない。そのなかで、近年特に注目を集めているのが、いわゆるグローバル市民社会論である。本章では、このグローバルな市民社会の台頭が、国際政治や国際経済という旧来の国際関係学が焦点を合わせてきた領域にどのような影響を与えるのかという点をめぐって議論を進めていきたい。

一　国際関係学におけるグローバル市民社会理論の台頭

近年の国際関係学における理論的展開の一つの特徴がグローバル市民社会論の台頭にあるということは、最近この領域について出版された本の数を見ても明らかである。これらの著作に特徴的に見られるのは、いずれの議論も国際的なNGO（非政府組織）／CSO（市民社会組織）の活躍をその理論的射程に取り込み、国家およびその関係性にのみ焦点を合わせてきた従来の国際関係学理論よりも包括的な視座を提供している点であろう。この流れの影響力は非常に大きく、学問上だけでなく国際機関の文章などにもNGO／CSOは頻繁に登場している（正確にいえば、NGOとCSOには定義上のズレがあるものの、本章ではこの二つを同義語として扱う）。

従来の国際関係は、現実主義と理想主義という二つの対峙する観点から語られてきた。いずれも国家をその主要なアクターと位置づけて世界事情を描写するという共通点を持ちながらも、前者は主としてアクター同士がぶつかりあうさまを中心に、後者はアクター同士が協調するさまを中心に議論を展開した。この二つの思想的流れは、冷戦中においてはネオ・リアリズム（新現実主義）とネオ・リベラル・インスティテューショナリズム（新自由主義制度学派）として同様の対峙関係（いわゆるネオ・ネオ論争）を見せた。

しかしながら一九八〇年代に入ると、この国家を中心とした世界観に対して疑問が呈せられるようになる。第一に、いわゆる国際政治経済学の登場によって、国家・政府／市場・経済との関係が注目を集めだしたことがあげられるであろう。情報・通信技術および交通手段の発達とともに経済的グローバリゼーションと呼ばれる相互依存現象が顕著になったことがその背景として考えられる。第二に、一九八〇年代に入って、他の社会科学と同様、国際関係学にもポスト構造主義・ポストモダニズムが登場したことがあげられる。この流れは、科学的な視点を中心としていた当時の国際関係学自身が冷戦構造を補強していただけでなく、冷戦構造を形成・維持する張本人であったと主張した[2]。第三に、規範的な議論からの異議が考えられる。科学的なアプローチは結果的に国際関係学が現状追認型の議論となることを許し、そのため政府の政策に対する批判的／規範的な視点の欠如を招いたといえるであろう。第四に、ジェンダー論や環境論、移民というマイノリティの視点から伝統的国際関係理論を批判するディアスポラ論、そして旧植民地の人々からの文学批評からスタートしたポストコロニアル理論などの、伝統的な国際関係学とは異なったアクターに焦点を合わせる理論による批判があげられるであろう。ジェンダーや環境、移民やエスニシティーといった問題は、軍事力を中心とした国際関係における副次的なものではなく、まさにこうした問題こそが国際関係の主要な関心事であるという主張が力を持ちだしたのである。これらの背後にはいわゆる新しい社会運動（New Social Movement——以下ＮＳＭ）の隆盛があると考えられる。ＮＳＭとは、政治的権力や物質的富といった制度的な覇権をめぐる社会運動ではなく、環境や平和、ジェンダーなどの脱制度的もしくは脱物質的な関心に基づく社会運動といわれる[3]。一九六〇年代に始まったこの動きは、当然のように国際関係のなかでも大きな流れとなり現代のグローバル政治経済に影響を与えていると考えられる。

既存の国際関係学理論に対するこれらの批判は、一九九〇年前後を境としてさらに勢いを増す。新現実主義も新自由主義制度学派もともに冷戦の終結をまったく予測できなかったという問題が表面化したためである。なぜ、アメリカを中心とした国際関係学は冷戦の終結という重要な出来事をまったく予期できなかったのか。私たちはなぜ冷戦終結の兆候に気づかなかったのか。何を見落としていたのか。これが国際関係学の主流派に突きつけられた問題であった。

そして、これらの疑問に答える形で出てきた一つの答えがグローバル市民社会論といえるであろう。先にあげた従来の国際関係学に対する批判をもとに、これまで無視してきたアクターを包括的にその理論的射程に取り込み、その相互作用と「世界」の作られ方との関係を詳細に分析していく方法論としてのこのアプローチは、国際関係学に新しい時代の到来を記した。

二　グローバル市民社会と国際政治

こうして登場したグローバル市民社会論は、当然に脱物質主義的・反権威主義的な性格を持っているといわれる。これはこのアプローチが上述した批判的な国際関係学アプローチに大きな影響を受けていること、および国際レベルにおいてもNGOなどの近年における活躍を反映しているためといえるであろう。それではここでグローバル市民社会論それ自体を詳細に見ていくことにしよう。

おそらく国際関係学の領域においてＮＳＭを主要なアクターとして取り上げたのはＲ・Ｂ・Ｊ・ウォーカーの *One World Many Worlds : Struggles for a Just World Peace* であったと思われる。この著書でウォーカーは、さまざまな新しい社会運動――すなわちジェンダー、環境、平和、反核運動など――に「批判的社会運動」という名で言及し、それらが特定の「世界」（社会）の特定の問題に対処するという側面（One World）と同時に、地球規模の抑圧・不正義を生み出すより幅広いさまざまな「世界」を包含し、既存の政治構造に対抗する多様な「差異の政治」としての側面（Many Worlds）を持つことを強調した。この「One World Many Worlds」というシナリオはウォーカーの議論のなかでは「Two　Worlds No World」というもう一つのシナリオと対比される。この「Two Worlds」は一方で冷戦構造を意味し、他方で南北問題を示している。この「Two Worlds」シナリオは、さまざまな人々を無理やり二つのグループのどちらかに押し込め、その結果すべての人々が不利益を被る状態（No World）を示している(4)。

この二つのシナリオのなかでウォーカーが最も強調するのは「差異の政治」であり、この概念をもってこれまで国際関係学が所与としてきた「現実」や「自由」、「安全」という言葉の定義の時間的・空間的ばらつきを明らかにし、各地域・各時代においてさまざまな「現実」や「自由」そして「安全」がありえることを主張した。すなわち、市民社会のなかにはさまざまな主体があり、国際関係学によって流通させられている上記の言葉に対してそれぞれが従来と異なった意味づけを行なっているのである。このことは、これまでの国際関係学が依拠していた「人々の生活は国家によって守られる」、「自由の増大のためには経済成長は不可欠である」、「人々の安全のためには軍事支出は増大されなければならない」といった前提を根底から覆した。なぜなら、ウォーカーによれば国家による人権侵害、経済成長に偏った政策による環境破壊、軍事支出増大による紛争誘発の可能性などによって往々にして人々の生活は不安定化・貧困化し、まさにその部分に国際関係における新たな主体としてのNSMが出現しているからである。つまり、NSMの出現によって国際関係学が善として無批判に受け入れてきたこれらの言葉の再定義を求める動きが顕在化し、それに基づいた新しい政策が必要となったのである。

三　領域としてのグローバル市民社会

こうしてNSMは国際関係学上にも登場してきたわけであるが、これが国際NGO／CSOという形で組織化されネットワークを形づくり、グローバル市民社会といわれる活動領域を生み出したと考えられる。もちろん、その組織的な形態から考えれば、厳密にはNSMとNGO／CSOは区別される。前者が比較的ゆるやかな組織的構造を持ち、個人の自発的な行動の連携という性格を持つのに対して、後者ははっきりとした目的を掲げ、厳格な規約を持った市民組織を指す(5)。また、グローバル市民社会を広義に捉えた場合、NGO／CSO以外の行動主体——企業、労働組合、宗教的原理主義者、ナショナリスト、マフィアなどの非政府政治経済主体——も包含されることを考えれば、NGO／C

SOが直接的にグローバル市民社会を代表するとはいえないであろう。[6] しかしながら、国際政治の構造的変容という観点から述べれば、グローバル市民社会の主要なアクターとしてNGO／CSOをあげることは的外れではないであろうし、その政治原理という点から考えればNGO／CSOとNSMとの関連は明らかである。

こうした新しい主体によって構成されたグローバル市民社会であるが、その定義は多様である。社会運動、メディア、宗教的組織、（時として政党）など個人をエンパワーする自助グループたちが相互に関係し合う空間として市民社会を定義している論者、[7] 家族、ボランティア・グループなどの組織、社会運動や公的なコミュニケーションを包含する国家・経済間の社会相互関係の領域として定義する論者、[8] さらには、多様なNGO／CSOの集合体であり、それは国家の平和維持機能や利益調整機能を損なうことなく、なおかつ国家による専制・支配を阻止するものとして市民社会を定義する場合もある。[9] 強調する点をどこにおくかによって多少のズレは見られるものの、そこに共通するのは政府／国家でもなく企業／市場でもない、しかしながら政府や市場と緊密な関係にある第三の領域という捉え方である。

四　プロセスとしてのグローバル市民社会

これに対して、政治変革の主体もしくは世界の構造的な変革を作り出すプロセスとしての市民社会という捉え方も重要である。この点に関してヒラリー・ワインライトのNGO／CSOについての議論は示唆的である。彼女の議論では、国際NGO／CSOの政治変革という意味での機能が、これら組織がもたらす民主化への二つの貢献という形で定義されている。すなわち、第一に国内における専制に対する抵抗と政治的公平性・市民による政治コントロールの基礎を作る機能、第二に他国における反民主的な政府に対する民主的なカウンター・パワーの出現を、国境を越える形で促進する機能である[10]。彼女は民主主義を国家と結びつけて理論を展開している。事実、ワインライトはこの議論を支持するものとして、八九年東欧の「ベルベット革命」や七〇年代の西欧における（フェミニズム、非核、環境などの）NSMの成功を例示している[11]。

一九八九年にルーマニアを除く東欧全体において非暴力革命が起こったという事実およびその政治的意味に注目するのはワインライトだけではない。カルドーも、東西のリーダー同士の対話のなかから生まれ出たように見えるソ連・東欧の政治変革が、実は市民社会のエンパワーメントによるものであったという考え方を提示している。一九六八年の「プラハの春」以降、東欧において自由を求める人々は「自己組織化」という形で市民社会を形づくり、それまでの東欧における国家の強制に基づく行動規範から一人ひとりが離れていくという形で組織化・ネットワーク化を促進した。これが約二十年という年月をかけて熟成し、その結果として東欧の体制変革があったという考え方である[12]。

このモデルはイラク戦争におけるアメリカの介入主義と対照的である。事実、サダム・フセイン政権下で地下組織の反体制運動にかかわった多くの人々は、彼・彼女らが東ヨーロッパ民主化プロセスのなかでとられた手法、すなわち市民社会の熟成という形の政治変革運動をモデルとして活動していたこと、その結果フセイン政権後期においてはすでに全体主義組織はほとんど機能していなかったことを証言している。逆にいえば、崩壊寸前であったフセイン政権にアメリカが攻撃を加えたことによってこの市民社会も崩壊し、結果的に反アメリカ的なイスラム原理主義の台頭を許したとも考えられる。

こうして国家および国家間システムをベースとして生み出される安全と市民社会をベースとして生み出される安全との対比は、東欧の八九年とイラクの〇三年との対比のなかに鮮明に浮かび上がることとなる。そして東欧の八九年をモデルとしたNGO／CSOのネットワーク化による民主化は、明らかにイラクの〇三年に代表される従来の国家システム偏重型介入の安全保障理論を超えた形で、市民の非暴力に基づく安全保障論の正当性を明確化する。

五　国境を越える問題群と新たな政治的アクターとしてのNSM／NGO／CSO

国際関係学理論におけるグローバル市民社会と国家との関係の捉え方は以上のようなものであるが、そこで取り上げた政治体制の民主化は、ある特定の国家の政策に対する市民社会の影響力の行使として理解できる。しかしながら、現代社会において、人々の生活の安定を脅かすすべての問題が国家という枠のなかにとどまるわけではない。近年に特徴的に見られる経済的相互依存関係や環境問題、移民の問題などは明らかに国境を越えた事象である。また新自由主義的グローバリゼーションは、第二節で言及した東欧諸国の市民社会にものちのち大きな打撃を与えたともいわれる[13]。つまり、現代のグローバルな政治変容を考えるとき、八九年以前の市民社会がどのように成熟し、どのような政治的帰結を導いたのかという問題とともに、ポスト八九年のグローバル市民社会が政治経済とどのように絡み合っているのかという問題を見ていく必要があると考えられるのである。国家レベルでの民主化に寄与したと考えられる市民社会組織の連携は、無秩序ともいえるグローバル市場経済の出現や環境問題にどのような対抗策を提示しているのであろうか。

経済的グローバリゼーションと市民社会

グローバル市民社会はもともと、グローバリゼーションに付随する動きとして説明されてきた。よくいわれるように、通信・交通技術の発達にともなうグローバリゼーションと呼ばれる現象は、国境の内側の人々の動きやアイデンティティを形づくってきた主権国家の機能を徐々に侵食してきたとされる。他方で、グローバリゼーションは国家以外の多様なアクターへの権力の移行も促した。その最も代表的な例が多国籍企業の出現である。

この新しい世界的アクターは、グローバル経済の特徴を生かし、国境を越えさまざまな場所でさまざまな方法を使って生産し、利益をあげ、その規模を拡大し続けている。その一方で、市場のコントロールはもっぱら主権国家の手にある。この多国籍企業と国家主権との関係は時代とともに大きく変容してきた。今日の国家は企業の資本を引きつけるために、国民にとってではなく企業にとって魅力的な環境を提供する必要性に迫られるようになった[14]。他方、多国籍企業は、市場を厳格にコントロールしようとする国家に対しては、資本逃避という手段で対抗してきた。この多国籍企業が手にした武器は、情報・通信・交通テクノロジーの急激な発達にともなって結果的に国家の政策をコントロールするほどの力となった。

同様に国際的な経済機構もまた多国籍資本の影響を強く受けているのは明らかである。WTO（世界貿易機関）やIMF（国際通貨基金）、世界銀行などがこれまでとってきた政策は、市場における規制緩和、民営化、資本移動の促進など、明らかに巨大企業に有利になるものであった。これに対して一方でこの政策に相乗りしようとする多くの多国籍企業を抱える大国と、他方過度の経済自由化による国内経済の不安定化に反対する低所得国という利害対立のなかで、国際経済機構は効果的な対応策を打ち出せずにきた。こうしたなか、一九九九年のシアトルにおいて見られた市民による強烈な抗議行動とその結果としてのWTO会議の失敗は、国際関係の新たな局面を浮き彫りにした。多国籍企業の利害を背景にした大国とそれに反対する低所得国という対立構造とは別に第三の勢力が登場してきたのである。さらに興味深いのは、多国籍企業が資本増大のために利用してきたグローバルな情報通信技術の普及を、世界的な市民グループや反グローバリゼーション組織が逆の立場から利用し、地球規模のネットワークを立ち上げ、そして過度の経済自由化に対して反対の意思を強烈に表したことである。

この文脈においてATTAC（Association for the Taxation of Financial Transaction for the Aid of Citizens）などの主として国際経済（貿易・金融・債務）といった側面に焦点を当てる市民組織の活躍は特筆に値するであろう。これらの組織は国境を越えた新自由主義の覇権に対峙し、より公正な市場経済に向けて多くのオルタナティブを提示してきた。最近では、WTOやその他の国際組織の内部にも支持者が出てきており、それらの機関からNGO／CSOに頻繁に極秘情報が漏洩する現象も見られるほどである。(15)

ジェンダーと市民社会

国際社会におけるNSMの活躍は、反経済的グローバリゼーションという大きな問題に関連するさまざまな他の領域においても見られる。ジェンダーはその代表的なものである。ジェンダー関係と国際政治とは異質のものであり、相互に関連しないという男性的な議論はいまでも見受けられる。しかし、政治的・経済的領域において意思決定にかかわる多くの男性の背後には、秘書、アシスタント、事務員、工場労働者など無数の人々が控えておりその多くが女性であること、また海外からの観光客がもたらす外貨をターゲットにしたリゾート地などで合法的／非合法的に働く人々の多くも女性であることはよく知られている。さらに出産や子育て、夫や子どもを労働市場に送り出すためのいわゆる社会的再生産プロセスの責任を担っているのも多くは女性である。(16) つまり、世界中の女性がグローバリゼーションと呼ばれるプロセスの重要な部分を担っているといえる。ところが、所得配分や資産の分配状況を見れば、女性は世界的にも圧倒的に不利な立場に立たされていることは明らかである。また、売春やポルノグラフィーといった性に基づく暴力・搾取が公然と行なわれている状況や、グローバリズムに対応する形での保守化傾向による女性に対する抑圧などもまた、ジェンダーという点からは見過ごすことはできない。

これらの問題に対処するための女性によるネットワーキングもグローバルな展開を見せている。一九八五年にナイロビで開かれた第三回世界女性会議や一九九五年北京で開かれた第四回世界女性会議はもとより、近年開かれた世界的な会議においても女性によるネットワークのプレゼンスは非常に高くなっている。さらに、女性による政治ネットワークは環境や平和といった領域においても無視できなくなっていることにも注意する必要があるであろう。ピース・キャンプを設立し十一年間にわたって米軍基地に隣接する国有地を占拠したグリーナム・コモンの事例は、その代表的なものであるといえる。この行動は各地に飛び火し、北米・ヨーロッパ、オーストラリアなどに同様のピース・キャンプが設立され、世界的な非暴力的平和運動の展開に大いに寄与した。

さらにこの文脈でもう一つ付け加えなければならないのは、現代のフェミニズム・ジェンダー研究は「女性」というアイデンティティそれ自体にも非常に批判的な目を向けだしていることであろう。「女性」というカテゴリーの政治的な意味、すなわちすべての女性を「女性」として画一的に扱ってしまう危険性に対しては自省的な議論が展開されている。例えば「北」と「南」という違い、性的少数者の存在、民族や宗教、文化的差異を無視して「女性」という単一の基準が可能なのかという問題などである(17)。つまり、NSM、NGO/CSOだから正しいというわけではなく、これらの理論・活動もまた自己批判の必要があることを意味しているのである。

環境問題と市民社会

国境を越えた環境問題の広がりもまた、グローバリズムという文脈で重要な意味を持つであろう。ヨーロッパで問題となった酸性雨、南半球の国々を震撼させたオゾン層の破壊、さまざまな二次的な問題を生み出している地球温暖化の問題など、現在の国際社会が一丸となって対処しなければならない問題は山積している。その一方で、経済問題と同様に環境の悪化を食い止めるための政治的な介入・規制は現在でも国家のみに割り振られた役割と考えられている。しかしながら、先述したように現在の国家による市場規制は非常に不安定なものであり、グローバルな環境問題は必然的に経済問題・産業問題と絡み合っているため、国家もしくは国家間システムが経済界の要請によって環境政策を後回しにせざるをえない状態もしばしば見られる。この点の代表的な例として京都議定書からのアメリカの離脱があげられるであろう。二〇〇五年にようやく発効した京都議定書は、環境規制を嫌う多国籍企業によって後押しされたブッシュ米政権の離脱によって一時はその発効が危ぶまれた。結果的にロシアの批准をもって京都議定書は成立したが、アメリカの議定書離脱が地球環境という点から大きな後退であったことは明らかである。

しかし、同時に京都議定書の発効に関して、ここでも市民社会が重要な役割を果たしたことは注目に値するであろう。多くのNGO／CSOはアメリカ政府の議定書離脱に対して強烈な批判を浴びせ、ブッシュ政権の背後にあるエクソン・モービルなどの多国籍企業に対するボイコット運動などを展開した。こうした地球の友、WWF（世界自然基金）そしてグリーンピースなどグローバルな環境NGO／CSOによる活動が結果的に国連やその他の主権国家に対する大きな圧力となり[18]、議定書発効の大きな推進力となったことは周知の通りである。

現在の国家間システムが対処しきれていない人々の生活に直接的に影響を与えるグローバルな動きには、これ以外にも多くの課題があげられる。例えば、世界的な麻薬組織や犯罪組織の拡大、「非合法」な移民、武器の密輸、売春組織の暗躍、そして児童労働の増大などである[19]。これらの問題についてもまた、主権国家のみがその規制・取締りを行なう権限を独占しており、事実上グローバルな動きを排斥することでしか対処しきれていない。つまりナショナリズムの隆盛である。このことは本来犠牲者であるはずの人々にも罪の責任を負わせ、処罰もしくは国外追放していることを意味している。これは特に売春や女性に対する暴力の問題において顕著であり、これに対して多くの市民団体・女性団体が抗議し、同時に社会全般に対する人種・性に基づく差別や暴力を阻止すべく啓発・教育活動を行なっている[20]。

平和と市民社会

対人地雷禁止条約（オタワ条約とも呼ばれる）の締結や国際刑事裁判所の設置などもまた、国際NG

O／CSOがグローバルな形で問題解決に力を発揮した例としてあげることができるであろう[21]。対人地雷禁止条約の締結に大きな影響力を発揮した対人地雷禁止国際キャンペーン（ICBL）は、イギリスの故ダイアナ妃によって支持されたことでも有名な、約千のNGOからなる世界的な市民社会組織である。彼・彼女らは国連のアナン事務局長（当時）やカナダのアクスウォージー外相、そしてアメリカのリー上院議員（当時）などに働きかけ、その結果、対人地雷禁止条約は一九九九年三月に国際条約として発効した。この功績は早くから世界的に認知され、ICBLはすでに一九九七年の時点でノーベル平和賞を受賞している[22]。

また、安全保障という分野においても同様の事例を見ることができる。もともと「安全保障」は、特に冷戦期においては、軍事的側面に直結した言葉として理解されてきた。事実、国際関係のほとんどの文献で、安全とは国家の安全を示し、これは軍事的な側面と直接的に繋がっていると説明される。これに対して、グローバル市民社会のなかで提示される安全保障概念は個人についての安全に焦点を当てる。二〇〇四年のスマトラ沖地震や二〇〇九年のスマトラ地震・サモア諸島地震にともなう津波による被害などを考えれば、安全という概念が必ずしも直接的に軍事力のみを意味するものではないことは明らかである。そしてこの災害に対して、世界中の個人・社会運動がボランティアや援助物資の提供そして義捐金の送金など、公的機関以外のネットワークが非常に効率的に機能したこともまた重要である。同様の現象は、国内においては阪神・淡路大震災や東日本大震災のときに見られたボランティア・ネットワークによってもよく知られている。また冷戦期において軍事的衝突とその予期される悲惨な結末とに向かっていた市民社会の関心は、西欧では先述したグリーナム・コモンの運動に代表される、七〇年代から八〇年代に見られた反核・平和運動、東欧では八〇年代に見られた市民社会ネットワークの広がりへと発展し、東西冷戦を乗り越える働きをした。こうした動きこそまさに人々の安全を保障する新たな局面であり、これが国際社会に「安全保障」概念の再考を促したと考えられる。そしてその結果、国家および国連などの国際機関もこれを無視できなくなってきていることは明白である。

このグローバルな市民社会の動きに対応する形で、「人間の安全保障（Human Security）」という言葉が近年の国際関係学のなかに頻繁に登場するようになってきたことは特筆に値する。そこでは、「安全（保障）」という言葉は必然的に人々の生活の多様な側面に対応した概念として理解されるのが通説となりつつある。これは、多くのNSMによって提示されたさまざまな直接・間接的な安全保障概念を包括的に理解しようという試みとして位置づけることも可能であろう。

「人間の安全保障」という言葉はもともと国際連合によって提唱されたものであり、一九九四年のUNDP（国連開発計画）『人間開発報告（HDR）』は、人間そのものに対するさまざまな脅威――政情不安、事故、飢餓、国際テロ、環境破壊、核兵器の拡散、失業、難民、人口過剰――などに対処する概念として「人間の安全保障」を定義し、その主体として市民社会を含む国際社会全体を位置づけている。(23) この流れに沿って最近の紛争処理や平和構築などのプロセスにおいては、NGO／CSOの参加は不可欠となりつつある。

このように、現在のグローバリゼーションの進展とそれが生み出すさまざまな問題に対処する主体との間には大きな矛盾が横たわっている。この矛盾が長期的にどのように解消されるのかは議論の分かれるところ（世界政府の登場なのかそれとも国家間システムの再構築なのか）ではあるが、いずれにしろ現在の世界にこれらの問題が存在していることは事実であり、それに対処できない主権国家に代わって国際NGO／CSOが問題解決機能を果たしていることは無視できないであろう。

六　グローバル市民社会とグローバルな政治変容

先述したように、現代の国際NGO／CSOは明らかにその機能という面において、国民国家には対処不可能でありながら緊急の対応を必要とする具体的な諸問題の解決に大きな役割を果たしてきた。しかしながら、このことは、グローバル市民社会がグローバルな政治変容の主役となることを直接的に意味するわけではない。これはコックスがいう、問題解決型理論と批判理論との違いの問題と類似している。前者は、既存の構造はそのままに諸問題を解決する理論を意味し、後者はそれら問題を生み出している構造自体を批判的に検証し変革をもたらす理論を指す(24)。これまで一般的には、NGO／CSOは主として問題解決型の機能しか持っていないと考えられてきた。しかし、これらの組織が世界的な政治構造を変えるだけの、つまりグローバルな文脈においてもコックスのいう批判的・構造変革的な機能を持っていると主張することは的外れではないと思われる。その意味で、個別的・具体的な対応とともに批判的・構造的な対応という点について、NSM、NGO／CSOがどのような可能性を秘めているのかという点を明確にする必要があるだろう。

構造的な政治変容の可能性

先述したように、国際社会における既存の公的権力である国家は、現代に特徴的に見られる国境を越えて起きている諸問題に対処する能力に明らかに欠けている。しかしながら、国際NGO／CSOが国家に取って代わり、世界的な民主主義を促進する新たな独占的政治主体として登場することは考えられない。これは、政治の制度的な変化が究極的には既存の政治形態によってしかなされないという前提に基づけば当然の論理的帰結である。NGO／CSOは従来「政治」と呼ばれてきた領域の主体でないからNGO／CSOと呼ばれるのであり、この前提を覆せばこれらの組織が市民社会に存在しないことになってしまう。

そこで問題はグローバルな民主主義をもたらす政治変容それ自体の定義に移ってくる。すなわち、政治変容とは政治制度の変化を意味し、その制度的変更を法的に実施する主体（国家や政府）のみが政治変容の主体と考えるべきなのか、それとも政治制度の変更をもたらす構造的／社会的な力をもって政治変容の主体と考えるべきなのかという問題である。もし、前者であると仮定すれば、地球上のほとんどの制度が現在の時点では国家ベースで設定され維持されているという意味で、グローバル市民社会に属する組織は明らかにその主体としてのポジションを失うことになる。これに対して政治変容の主体が後者も包含するとすれば、国際関係における政治変容の主体として国際的なＮＧＯ／ＣＳＯが登場する可能が出てくる。国境を越えてグローバルに展開するさまざまな政治的変化――例えば京都議定書や地雷禁止条約の発効、東欧の民主化、シアトルにおけるＷＴＯ会議の失敗――をＮＧＯ／ＣＳＯ抜きにしてどの程度説明できるのかという点から考えれば、おのずと答えは明らかになってくるであろう。このように政治変容という言葉を広義にとれば、グローバル市民社会に存在するアクターの政治変容の主体としての立場はかなり明確になる。

イラン戦争と市民社会

この典型的な例として、イラク戦争開戦前後に世界的に繰り広げられた反イラク戦争のプロテストがあげられる。ブッシュ大統領がイラクへの攻撃を「十字軍」という言葉（すぐに撤回したが）を使って説明したにもかかわらず、アラブ諸国において市民による反アメリカ感情が心配されたほど盛り上がらなかったのは、アメリカ国内および西欧各地において大々的に展開された反イラク戦争運動がアラブ諸国の市民社会と共鳴し、欧米の市民社会の一定の割合が必ずしもイラク戦争を支持していないことが中東諸国の市民社会に的確に伝わったことが大きな原因であったという報告もある。そして結果的にこの市民社会の連携がアラブ社会内部における宗教的・文化的戦争論に反対する勢力を活気づけたという[25]。この議論は、世界的な反イラク戦争プロテストがなければ西欧対アラブの全面戦争になってもおかしくなかったということを示唆する。イラク戦争開戦以降、グローバル市民社会はイラク戦争を止められなかったという批判、現在でも究極的には国家しか世界的な政治変容はもたらしえないという議論もたしかに多く見受けられるが、この報告は逆に、グローバル市民社会が全面戦争を回避させるという大きな政治変革をもたらしたが、単にそれが顕在化されなかっただけであるという非常に肯定的な解釈の可能性を明示している。そしていまこの問題を通して私たちが考えなければならないのは、この状況がなぜまったく顕在化されなかったのかという問題であり、それが将来の国際関係学にどのような利益をもたらすのかという点である。

第七章　アイデンティティの喪失と暴力

――アメリカ政治経済史についての一考察

ニュージーランドに留学したとき、condescending（キーウィーたち（ニュージーランドの人々）は「コンドセンディング」と発音する）という言葉に出会った。日本語では「恩着せがましい」という訳がしばしばあてられるが、英語ではそこに他者に対する蔑んだ視線が含意されている。つまり、優越感を前提としながら他者に親切にするような状態を意味するのである。日本にいたときには日本語にそれを的確に意味する言葉がなかったこともあって、この感情をうまく言語化することができなかった。そのためニュージーランドでこの言葉に出会ったとき、正直「やっと会えた」という感想を持った記憶がある。

現在のアメリカの動向を見るときしばしばこの言葉が脳裏に浮かぶ。イラク戦争のように、アメリカのアイデンティティを表象する自由と民主主義を他国に対してもまたもたらそうとする動きは、まさにこのコンドセンディングという言葉が示すものにあてはまるように見える。イラク戦争時のアメリカに関して一般的に私たちが関心を寄せるのは、ブッシュ大統領を筆頭にした保守勢力の勢いの止まりそうにない直接的な暴力性であった。この暴力性は、9・11以降アフガニスタン、イラクを次々に襲い、いままたイランに襲いかかろうとしている。バラク・オバマが政権をとった現在においても、情況に大きな変化はない。寛容さを特徴とするアメリカのリベラル（自由主義）勢力もまた共和党ほどではないにしろ、暴力性を秘めている。本章で取り上げたいのは、こうした民主党を中心とする政策的なリベラルおよびその理論的な支柱を提供するリベラルな知識人によるより寛容な政策が、アイデンティティという概念において何を意味するかという点である。そしてそのなかで、一般的に暴力と対立関係にあるといわれる寛容さが、実は暴力と表裏一体の関係にあるということを検証することを第一の目標とする。アレントは、『全体主義の起原』のなかで、植民地支配において典型的に見られたモッブによる「他者」（被植民者）に対する強烈な暴力は、宗主国のブルジョア社会に対する拒絶ではなくむしろ副産物であることを指摘している。[1] モッブとは寛容さを特徴とするブルジョア社会に埋め込まれた暴力性の発露であると彼女は理解した。本章における私の関心もまさにこの点にある。つまり政治学・国際関係学における寛容さを特徴とする自由主義言説に内在する侮蔑感・暴力性を明らかにすることである。

そしてさらにここで取り上げたいのは、こうした寛容さと暴力との表裏一体の関係が政治や国際関係という領域に特有のものなのか、それとも私たちの日々の生活、すなわち市民社会のなかにも埋め込まれているものなのかという点である。これまでの国際関係学においては、このミクロの暴力とマクロの暴力とは切り離されて議論されてきた。国際関係学とはマクロの暴力、つまり戦争や地域紛争を扱うものであり、ミクロの暴力は主として社会学などの分野で研究されるべきであると理解されてきたのである。しかし、現代社会における暴力形態を見ていくと、驚くほどミクロの暴力とマクロの暴力との間には類似性が見られる。そして、ミクロの暴力が正当化される社会においては当然ながらマクロの暴力もまた正当化されやすいであろうことは簡単に想像がつく。この関係は政治体制が民主的であればあるほど緊密になってくるであろう。E・H・カーが指摘したように、体制側のイデオロギーであったナショナリズムが近代的な民主主義の成立をともなって大衆ナショナリズムとなり、それが猛烈な差別感・外国人排斥運動などに繋がっていったという歴史的な事実[2]は、当然ながら国家レベルにおける暴力に対する考え方もまた民主主義の発展とともに人々の非常に身近なところで接合されているはずであることを示す。そしてそのなかで、ミクロの暴力についての論理はマクロの暴力に対して非常に大きな影響力を持つはずである。つまり、民主主義の発展を通して、ミクロの暴力とマクロの暴力との継続性は強固なものになったと考えられるであろう。

一　支配・正義・生政治

これまで特定の支配と抑圧の形式（それは主権概念および資本主義に基づく上からの物理的・構造的支配のみを意味した）に焦点を当ててきた国際関係学であるが、それとは異なった形の支配関係（グラムシ的な意味での同意に基づいた支配、DV（ドメスティック・ヴァイオレンス）のなかでは「愛情という名の支配」[3]とも呼ばれる）についての考察は明らかに抜け落ちてきた。つまり、いわゆる国際協調路線のなかに埋め込まれながら同時に表面的な寛容さによって覆い隠された他者（被支配者）に対する侮蔑的なまなざし／暴力性にはほとんど焦点が当たってこなかったのである。そしてこの同意的な政治構造とのミクロの権力との相関関係――まさに国家的暴力とDVとの間に典型的に見られるような――についての検証なしには現代の国際関係を本当に理解することは不可能であるともいえるであろう。

同意に基づく支配は非暴力的／非抑圧的支配である。この形態の支配関係は秩序的な社会、とりわけ国内政治において顕著である。そして内側／外側の対比、すなわち平和／戦争という対比のなかで語られてきた国際関係は、内側＝秩序＝平和という概念的な連関に埋め込まれた暴力性を無視してきた。そのため国際関係理論は、古くはフランス革命後の恐怖政治から現代においてはナチスによる抑圧のあとに建国されたイスラエル、資本主義から共産主義への移行後のソ連、そして暴力的な抑圧体制から変革後のルーマニア、そして現在のアフガニスタンやイラクなどで見られる、市民の解放という契機を経た（少なくとも形式的には）民主的秩序に基づく国家の成立後に顕在化する強烈な暴力性を説明できずにきた。そこでは文化や宗教など国際関係学の関心の外側に存在すると定義されたブラックボックスによってしかこれらの暴力は説明されてこなかった[4]。

しかし、自分たちの国民国家――民族的な正義を体現する――を勝ち取った国々に蔓延するミクロの暴力には、国民国家と不可避的に結びついた正義のためには、暴力の行使もやむをえないという自然法的な考え方があると思われる。そして、合法的暴力／正義のための暴力を行使する権利をともなう国民国家としての独立――それは同時に国際的なブルジョア社会への参加可能性も意味する――を目指すというそのこと自体に、この暴力性は埋め込まれていたともいえるのではないだろうか。

カール・シュミットはその著書『大地のノモス』のなかで、この正義という概念の暴力性を詳しく述べている。そこで彼は、戦争の犯罪化すなわち不戦条約やヴェルサイユ条約、そしてジュネーブ議定書などの国際公法による侵略戦争の否定が逆に「正しい戦争」ではない「不正な戦争」という概念を生み出し、この不正さが敵に対する殲滅的な攻撃を可能にしたと述べている。つまり、それまでの限定的な「敵」との戦争は全面的な「悪」との戦争へと豹変し、それが逆に正義を自負する側の暴力的な解決を促進させるのである(5)。そしてこの「正義」という概念はとりもなおさず国民国家という概念と緊密に絡み合ってきた。なぜなら、特定の領域における正統な「正義」についての解釈は国民国家のみに与えられた権能であるからである。

このことは、伝統的な保守とリベラルの対立が実は「正義」の概念に基づく暴力という点では表裏一体の関係にあることを端的に示しているといえるであろう。つまり「強いアメリカ」を目指す勢力と国際協調路線をとる勢力とが不可分であることが9・11を契機に顕在化したのである。この二つの違いは、フーコーがいうところの「殺す権力」と「生かす権力」との違いとして理解することもできるであろう。彼が最も興味を持った題材の一つは、まさにこの生かす権力＝生権力であった。フーコーにとって自由主義とは、国家から個人の自然権を守るという哲学ではなかった。それはむしろ、特定の生＝自由を促進する政府形態もしくは統治的な合理性＝統治性（governmentality）を意味した。同様に十九世紀の哲学者で、ニーチェにも影響を与えたといわれるマックス・シュテルナーは、自由主義を政治思想であるとは見なさなかった。むしろ彼にとって自由主義とは異なる政治的立場を貫通する統治技術であり、偏在的な形で社会のなかに具現化されるものであった。そして彼は、この技術は規律的であり規範や制度と個人との間を繋ぐことによって臣民としての個人を作り出すものとして位置づけている(6)。

これらの論者にとって、自由主義による統治とは必然的に規範の形成を意味し、それは同時にこの統治体制それ自体がその提供する規範からはずれた人間を生み出すことを意味している。この規範＝整合性からの逸脱が共依存の温床となっているとは考えられないであろうか。すなわちここで自己／他者の二項対立が生み出され、それは正常／異端という階層的秩序を含意する二項対立と接合する。絶対的なアイデンティティがある程度担保されている状況においては、この二項対立に基づく統治体制は寛容さすなわち生権力の形をとるであろう。直接的・強制的な方法をとらなくても、絶対的な優位性が存在するからである。しかし、何かのきっかけによってこの寛容さと表裏一体の関係にある暴力性、すなわち殺す権力が表出する。そこではアイデンティティのゆらぎ・不完全性が主体自体によって認識され、その不完全性についての不安・罪悪感が他者に向かう暴力を導くのである。

この寛容と暴力についての理論は、ウィリアム・コノリーの政治的なアイデンティティ論と大きく重なる。彼は、一定の規範を満たすことのできなかった個人がどのようにしてこの不完全な自分に対する怒り・罪悪感を消化するのかという点について、次のように述べている。私たちのなかに存在する怒り・罪悪感は、主としてリベラルな社会が私たちに与えてきた責務、すなわちすべての問題の責任は社会ではなく個人にありその個人がすべての社会的な痛みや不確実性を引き受けなければならないという考え方からきている。しかしながら、個人の行動すべてが成功裏に終わるわけではない。目標を設定してもそれが成功するかどうかはその状況や偶然性に大きく左右される。それにもかかわらず自由主義はすべての責任を個人に負わせることから、この個人は執拗な罪悪感を内面化することとなる。コノリーは結論づける、この自己の内面に向かう罪悪感は自分よりもさらに不完全な他者へと向かうことによってしか鎮めることはできないと[7]。そしてこの他者に向かった侮蔑的なまなざしは他者に対する支配、更正、厳罰、愛という形をとるのである[8]。この議論からも見られるように、コノリーもまた「劣った」他者に対する暴力的な怒りは、彼・彼女たちに対する「愛」と表裏一体の関係にあると考えているのである。そしてそこでの重要な点は、この怒りと愛は暴力をふるう主体のアイデンティティの不安定性・不完全性と大きく関連していることである。

二　暴力と寛容さ

寛容さと暴力、愛と怒りとの表裏一体の関係を考えるにあたって、最も参考になるのはＤＶについての先行研究であろう。一般的にＤＶには大きく分けて三つの段階があるとされ、それが周期的に繰り返されるといわれる。この分野での古典といわれるレノア・ウォーカーの一連の著作によると、この三つの段階とは「緊張が高まっていく段階」、「虐待が爆発する段階」、そして「悔い改める段階」である。[9]そしてこの周期的な虐待を繰り返す者の心のなかには「壊れやすい自己」という感覚がつねにあるという。[10]

第一段階の緊張が高まっていく段階において特徴的なのは、この不安定なアイデンティティの原因を外的な要因に結びつけようとすることである。暴力をふるう側（バタラー：主として男性）はしばしば自分自身のことについては何も思い出せないが、他方で妻の行動については非常に鮮明に覚えていることが多いという。[11]これは壊れやすい自己からくる不安感、苛立ちを外的な要因に結びつけることによって自己防衛しようとする行動として理解することができるだろう。そして、ここで重要なことは、バタラーが実は妻に依存し妻なしでは存在できないという「隠れた依存」から必死になって目を背けようとしているという事実である。つまり、規範化された男性性と自己認識との乖離についての罪悪感を覆い隠す努力としてこの外側に向けたまなざしが理解されるのである。

第二段階においては、いよいよこの不安が高まり、「トンネル視」（トンネルのなかで出口を見たときのような視野狭窄の一種）と呼ばれる状態となり、特定の問題以外のことがまったく目に入らないような状態となる。その問題とは、妻を喪失する――それは同時に自己の不完全性が暴露されることを意味する――ことによる極度の不安である。この段階においては、加害者はつねに「妻の悪意」しか考えられず、それが意識のすべてとなり、怒りは頂点に達し、暴力となって噴出する。[12]

そして第三段階すなわち悔い改める段階は、この極度の緊張が発散されたあとに始まる。この段階においては、バタラーは自分がふるった暴力を後悔し、悔い改め償いたいという気持ちを表現する。そこでは二度と暴力をふるわないという約束をすることもしばしばである。そして犠牲者はこの悔い改める段階で示される行動こそが、夫の本当の姿なのだと信じてしまう。妻なしでは生きていけないと懇願する夫を助けることができるのは自分だけであると妻は思い込む[13]。この三つの段階は循環を繰り返す。つまり、第三の段階から再び第一の段階へと戻り、再びこの暴発のプロセスを繰り返すといわれる。そしてここで注目したいのは、DVに典型的に見られる暴力と寛容さが表裏一体の関係にあるということである。

この寛容と暴力との関係は男性に限らない。アンソニー・ギデンズはその著書『親密性の変容』のなかで「共依存」という概念に多くのスペースを割いている。共依存とは、生きるうえでの安心感を維持するために、自分が求めているものを明確にしてくれる相手を必要としている状態である。つまり、共依存症者とは、相手の欲求に一身を捧げていかなければ自らに自信を持つことができない人のこととなる[14]。簡単にいえば、「愛情という名を借りて相手を支配する」という状態だということもできるであろう[15]。

共依存という言葉は主として女性に使われる言葉であり、しばしば母娘関係や暴力を悔い改めた夫に対する妻の愛情というような形で表出する。つまり、その相手を助けてあげられるのは自分だけであるという思い込みの状態である。例えばパートナー間のDVの場合、こうした状況は緊張が増大する第一段階および暴力が爆発する第二段階を通り過ぎたあとの悔い改める段階において現れることが多いという[16]。そしてこの第三段階においては、バタラーは殴られた側に対して絶望・孤独・疎外感などの心情を吐露し、しばしば相手に依存していることを告げる。その意味で、女性は一時的であるにしろこの関係のなかで「パワー」を持つこととなる[17]。まさにこの瞬間、女性はこの男性には自分が必要であると確信するのであり、ここに共依存関係が成立する。そして同様に、子どもに対して過剰に世話を焼くような親もまた、子どもが自分に依存しているということに依存するという意味で共依存であるといわれる[18]。

こうしてDVについての先行研究を見てみると、寛容と暴力のいずれもが一種の共依存関係の上に成り立っていることがわかる。そこでの問題は不安定なアイデンティティであり、共依存者は結局のところ自らの中核をなすアイデンティティが未発達かもしくはそれをまだ自覚できないで、外的存在に対する依存的愛着をもとに築き上げた誤ったアイデンティティを守っている人間として理解することができるであろう[19]。

三　アメリカの国際政治経済におけるポジション

このアイデンティティの不安定化についての理論は、現代のアメリカを見るうえで示唆するところが多い。同様の議論は非常に少ないが、シンシア・ウェーバーの議論はこの文脈で参考になるであろう。ウェーバーは、アメリカの外交政策は典型的なマッチョさ、彼女がファルス（男根）中心主義[20]と呼ぶものによって特徴づけられてきたと述べている[21]。しかし圧倒的な政治経済的覇権によって担保されてきたアメリカのアイデンティティはいま不安定化されようとしているように見える。それはなぜなのであろうか。その鍵はグローバル政治経済におけるアメリカのポジションにある。

では、戦後アメリカの政治経済を詳しく見ていくことにしよう。アメリカの政治経済とアイデンティティの問題は、戦後すぐのブレトンウッズ体制にまでさかのぼることが可能であろう。そこでは金本位制を基礎とした固定相場制と自由貿易体制をもって世界経済の秩序が形成された[22]。また共産圏との対峙関係から、大戦後相次いで独立した新興国に向けての両陣営からの援助合戦が華々しく展開された。こうしたなか、アメリカ政府は、各地で地域的な紛争に介入するとともに反共産主義陣営の同盟国を支援した。そして、自由をイデオロギー的な旗印にしながら全地球的規模にその影響範囲を広げていった[23]。アメリカ政府は戦争直後のヨーロッパおよび日本以外には主としてギリシア、トルコ、東南アジア、台湾、韓国などに向けた開発援助を展開している。そして何よりもイスラエルへの援助が多額に及んだことはここに付け加えておくべきであろう[24]。被援助国における開発はその地域の人々の福祉よりも、アメリカにとっての戦略的な意味のほうが重要視された形で行なわれた。また、安全保障の分野においては一九四九年にＮＡＴＯ（北大西洋条約機構）が形成されている。こうしてアメリカは世界政治経済の後見人としての地位を確立した。

しかし一九五九年のキューバにおける革命はアメリカのアイデンティティにとって一つの転機とな

る。自国のお膝元での社会主義革命は、冷戦構造のなかでアメリカのアイデンティティを大きく揺るがしたのである。そして、これ以降のアメリカの一連の外交政策は、このファルスの喪失（アイデンティティの危機）という言葉をもってある程度は説明することができるであろう。自由主義の盟主の象徴であったファルス。このファルスの危機は、カストロによってアメリカの男性性（圧倒的な覇権の保持者という認識）が否定されたことにとどまらない。共和党きってのタカ派であったニクソンによるベトナム戦争の「休戦」（敗北）はさらにアメリカのアイデンティティ・クライシスを悪化させた。経済に目を向ければ、この時期はニクソンショックの時期でもある。ヨーロッパや日本の戦後復興により還流しなくなったドルの金兌換を停止しなければならないほど、当時のアメリカ経済は追い込まれていた。

八〇年代に入ってのレーガン大統領の登場はこうしたアメリカのアイデンティティの危機という文脈から理解できる。失ったファルス＝「（男性性を表象する古きよき時代の）アメリカ」を取り戻そうとした元ハリウッドスターは、対外的な強硬姿勢と新古典派経済理論に基礎をおく革命的な経済政策との組み合わせで、ファルス＝アメリカを再建しようとした。経済史の専門家であるダニエル・ベルは、レーガンは国民国家としてのアメリカ社会に対する信頼を回復するのに成功したと述べている。その理由の一つに「ベトナムへの介入にかんして感じていた罪悪感を和らげるような愛国心への臆面もない信奉」があるという(25)。このことは逆にアメリカのアイデンティティがいかに不安定化していたかを如実に表している。そしてそれに対抗する戦略としてレーガノミクスは位置づけられるであろう。事実、レーガン政権期、特に第一期における経済指標は上向いていたかのような印象を与える。例えば、GNPの成長率が緩慢であったものの一千万人以上の雇用が生み出されたことがあげられるであろう。(26)

しかし、レーガン政権による新たなファルス＝アメリカの創出の可能性は予想もしなかった結果をもたらす。双子の赤字という副産物である。第五章で詳しく説明したように、イラク戦争はこの延長線上にあると考えられる。そしてジジェクは、イラク戦争をアメリカとヨーロッパの覇権を争う戦いとして位置づけている。ただし、アメリカとヨーロッパとの対立構造という彼の視点はあまりに短絡的過ぎる印象をぬぐえない。なぜなら、ファルス＝アメリカの再建を求める一部のエリートたちは、「強いアメリカ」を求める一方でアメリカという国家をあきらめ始めていたようにも見えるからである。そしてこの一団は冷戦後の世界においては国境を越えたエリートによる新たな枠組みづくりへと向かって邁進する。この文脈における典型的な例としては、欧州・アメリカ・日本の官僚・財界のエリートたちによる三極委員会（旧日米欧三極委員会）があげられるであろう。一九七三年にスタートしたこの非営利政策集団は、ロックフェラー財団の肝入りで立ち上げられたといわれ、メンバー間のコミュニケーションの促進や親睦、相互教育など新しい階級（もしくは世界的なエリートクラブ）の出現を意味していた。また、同様の超国家組織として世界経済フォーラムもあげられる。年会費三万ドルといわれるこの超エリート組織は、毎年スイスのリゾート地ダボスで年次総会（ダボス会議）を行なうことでも有名である。日本からも例年、経済同友会や日産、トヨタなどの多国籍企業が参加している。(27)

このような超国家的なエリート政治経済組織の存在は、覇権が国境を越える形で顕在化しだしたことを意味している。そしてそれがグローバルな権力構造すなわちトランスナショナル（超国家的）な覇権を構成する。そしてこのトランスナショナルな覇権もまた暴力と寛容さの二面性を持つものとして理解することができるであろう。つまり、一方で（特に世界経済フォーラムにおいては）多様な参加者を認めながら、他方で現存する政治経済体制の維持・安定化を最も重要な政策として位置づけているのである。逆にいえば、これらの組織に参加するためには覇権的なグローバル・ガバナンスを支持し、自由主義政治経済思想の洗礼を受けなければならないのである。事実、世界経済フォーラムは批判的なＮＧＯとの対話を重ねるという名目で国際的なＮＧＯを招待しているが、地球の友およびフォーカス・オン・グローバル・サウスは二〇〇〇年に一度呼ばれたきり声がかかっていない。あまりに批判的過ぎるというのがその理由である。また二〇〇二年に招待されていたグリーン・ピースも世界経済フォーラムの非協力的な態度に参加を辞退している(28)。

こうしてアメリカは冷戦後二つの方向、すなわち古き良き時代のアメリカ――それはレーガンが目指した「強いアメリカ」を意味する――を一国主義的に追い求めるという方向と、日・米・欧という先進諸国間での協調という方向とを同時に志向することとなる。そしてこれは国際関係学のなかでは保守とリベラルとの対比という形で理解されてきた。

四　暴力と対話と自然法

いうまでもなく、現代の国際関係学は覇権国アメリカの政治思想の延長線上に位置してきた。興味深いことに、アメリカの政治経済の力は明らかに弱体化するなか、そこで展開される知の生産は逆に世界的な影響力を強めてきたのである。国際関係学はその典型であり、ほとんどの論文・著書といった出版物は英語でなされてきた。そして逆に、英語以外で刊行される国際関係学の出版物の影響は非常に限られた範囲にとどまってきたことは周知の事実であろう。しかも、国際関係学の展開は大西洋を挟んでイギリスとアメリカとの間でのみ見られ、カナダやオーストラリア発の国際関係学理論は近年まで非常に少なかったことも特筆に価する。この意味で、国際関係についての知の生産はアメリカ・イギリスの独壇場であったのである。

こうして特定のアングロフォン社会（英語の流通する社会）によって独占されてきた国際関係学は、アメリカの国内政治およびイギリスの国内政治を色濃く反映する形で展開してきた。それは共和党と民主党という二つの政党および保守派知識人とリベラル派知識人という対立であり、これは国際関係学においては現実主義と自由主義制度学派という対立として理解されてきた。一般的に、前者の代表者としてはケネス・ウォルツやロバート・ギルピン（以前本人はリベラルだと主張していたが）があげられ、後者の代表としてはロバート・コヘインやジョセフ・ナイなどがあげられるであろう。前者は対外的に強硬な立場をとる考え方であり、後者は主として国際的な協調路線をとる立場である。こうしてみるとこの二つの立場はあたかも対立構造となっているかのように見えるが、そこには寛容と暴力との表裏一体の関係と正義のための暴力という自然法的な解釈がある。そして9・11直後のパニック状態においてはこの対立が一時的に解消され、大多数のリベラル派がこぞってテロとの戦争を支持したことは記憶に新しい。

この国民国家に内在する合法的な暴力／正義の暴力は、国際関係学のなかでこれまでほとんど疑問視されることはなかった。逆に、この正義のための暴力は望ましいものであり、この自然法の正当性を疑うことは国際関係学の基盤を崩すことであるとさえ理解されてきた。このことが、9・11以降のアメリカの知識人たちがいっせいに「対テロ戦争」を支持した理由であると考えられる。ここで賛同したのが対外的な強硬路線を支持する現実主義者や保守的な知識人にとどまらず、多くのリベラル派知識人たちでもあったことはよく知られた事実である。例えば『正義と不正義の戦争』や『政治と情念』などを著し、ジョン・ロールズやリチャード・フォークと並んでアメリカにおけるリベラルの旗手とされてきたマイケル・ウォルツァーは、のちに詳しく述べるように熱烈にアメリカ政府の「テロとの戦争」を擁護した。これまでのリベラリズムが文化や伝統などに対して非寛容的であったことを批判的に検証し、またベトナム戦争を辛辣に批判した彼が、なぜ「テロリズム」という曖昧な「敵」を他者化し非人間化する暴力行使に加担したのであろうか。そこには紛れもなく寛容さと暴力との表裏一体の関係と正義のための暴力という概念があるのである。

こう考えれば、ブッシュ大統領が、寛容さと連関する自由と民主主義という普遍的な価値を表す言葉を使いながら、「テロとの戦争」の美名の下、他国に対する暴力的な介入を行なっていることは非常に理解しやすくなる。9・11という「非常事態」においては保守／リベラルの違いは「正義のための暴力」という西洋の伝統的な自然法に収束していく。そこでは寛容か制裁かという対比ではなく、大きく揺るがされたアメリカというアイデンティティの安全を守ろうとする思考が人々の行動をコントロールするのである。そしてそれは元教育次官のダイアン・ラヴィッチが9・11直後にいったように、「いまこそ（子どもたちに）民主主義を教えるとき」だという考え方――そこでは特定の方向に向けられた寛容さが教え込まれる――と共振する。彼女は続ける。

いくつかの社会は私たちが権利と自由を持っていることから私たちを嫌う。いくつかの社会は私たちの生活スタイルのため私たちを嫌う。……ファシズムやナチズムから世界を救った〝偉大なる世代〟は彼らが権利と自由を守ったことを知っている。ソ連の全体主義の崩壊を導いた冷戦の世代は権利と自由の重要性をよく理解している。(29)

そしていまこそ子どもたちに自由と民主主義の重要性を教えていかなければならないと。

この議論はリベラル派知識人の代表格であるマイケル・ウォルツァーの議論とも重なり合う。(30) アフガニスタン戦争を支持しなかったアメリカの左翼を、彼は次のように辛辣に批判する。アフガニスタンに対する戦争は（結果的にではあれ）解放の戦争であり、人道的な介入であった。それに対してアメリカの左翼はその正義の戦争を遂行した国に対して愛国心を微塵も表さない。アメリカは古い世界に対する新しい炎、丘の上の都市、民主主義の歴史的な実験ではなかったのか。世界中には僚友たち――ローカルな反政府組織や軍事的なグループ――がアメリカの認知と支持を待っている。もし私たちが民主主義を求めるのであれば、いかなる場所においてもそれを守るべきであると。(31)

この二つの議論に共通するのは、普遍的価値の唯一の提供者としてのアメリカである。その普遍性とはブッシュ大統領が繰り返しテレビの画面で語る民主主義であり、自由である。そしてその言説のなかに埋め込まれた苛立ちは、明らかにアメリカという絶対的なアイデンティティの不安定性、ゆらぎのなせる技なのである。ラヴィッチは「いくつかの社会」という具体性を欠く抽象的な言葉で他者に対する苛立ちを表現する。その他者はアメリカが維持してきた自由と民主主義という普遍的な価値を否定しようとしていると。そこには明らかに他者に向けた侮蔑的なまなざしと自己のアイデンティティのゆらぎに対する不安感とが包含されている。ウォルツァーがアメリカを「古い世界に対する新しい炎、丘の上の都市、民主主義の歴史的な実験」と呼ぶとき、彼はまさに失ったファルス、絶対的なアイデンティティの象徴を求めている。そしてそれが9・11という前代未聞の衝撃を受け、大きく揺らいだことに対する不安感、危機感が彼の「左翼」に対する辛辣な批判となって噴出するのである。

そしてさらにこの二人に共通するのは、他者との対話不可能性である。ラヴィッチは、「いくつかの社会」という言葉を使いながら自己と他者との共約不可能性を示す。そこには対話の可能性はない。

彼・彼女らは「心のない非人間的なテロリスト」であり、9・11の原因はアメリカの学校のカリキュラムにおける他国への無関心にはないと主張する。しかし同時に、彼女は、「いくつかの社会」という曖昧で抽象的な言葉を使わざるをえないほど、自分が実は他の国々について関心を持っていないことには気づいていない。彼女は臆面もなく彼女が考える他者を否定的に表現する。「いくつかの社会は私たちが衰退していると考えている。彼・彼女らは私たちが表現の自由を守り、人々が表現したいことを書き、読みたいものを読むことからアメリカが衰退していると考えている――私たちが宗教の自由を守り、何が真理で何が真理でないかをいかなる規制もなしに教えられることから衰退していると考えている――そしてアメリカにおいては女性も男性と同じ権利を持ち、同じように教育を受け、同じような職業に就くことができることから衰退していると考えている」。この一方的な自己の肯定と他者の否定は、両者間の対話の欠如を如実に表す。

ウォルツァーも、ラヴィッチより数段洗練された形ではあるが、やはり他者の非人間化へと突き進んでいる。そこではテロリストたちが対話不可能な、価値観を共有できない他者として描かれる。この他者は著しい人権侵害といった逸脱状態／緊急事態を作り出し、ここに他国による介入の正義が設定される(32)。そしてこの他者は必ずしもテロリストに限らない。ウォルツァーにとっては国内の左翼も同様の他者である。彼はアメリカの左翼が国内においてまったく力がなく疎外されていることが、彼／彼女らから愛国心を遠ざけていると主張する。そして国連を中心とした9・11の犯人たちの訴追という左翼の主張は緊急事態という状態には適さないと一蹴する。さらに彼はアメリカの左翼は反対するために反対しているのだと断罪する。[33] この決めつけは彼がいかに彼のいう左翼との対話を拒否しているかを如実に示している。彼にとってテロとの戦争に反対する左翼とはテロリストと同じような対話不可能な非人間化された他者なのである。

対話の欠如は、政治の終焉と暴力の登場を意味するとアレントは述べている。クラウゼヴィッツが述べた「戦争は他の手段をもって行なう政治の延長である」という定義を彼女は否定する。彼女にとって戦争・暴力とは政治＝対話の終焉を意味したのである。そしてこの対話から暴力への飛躍はウォルツァーのいう緊急事態という言葉によって補強される。これは同時にシュミットのいう「主権者とは例外状況にかんして決定をくだす者である」という言葉を思い出させる。[34] そしてここで重要なことは、誰がどのような状況に対して緊急事態と命名するのかという問題がそこには包含されているという事実である。これまでの国際関係の歴史を考えれば「緊急事態」は起きるのではなく、命名する主体によって往々にして積極的・人為的に起こされてきた。ベトナムのトンキン湾事件や満州の柳条湖事件などは典型的な例である。そして今回の９・11についても多くの陰謀説が流れていることを考えれば、この「緊急事態」という概念自体がいかに危ういものであるのかが明らかになる。そしてその向こう側に見えるのは、アレントの分析が見事に描いてみせた「暗い時代」の到来なのかもしれない。

五　結　語

国際関係学という視点からいえば、アフガニスタン戦争やイラク戦争が経済的な利権およびドルの価値の維持と大きく関連していたことは否定しがたい。そこでは天然ガスや石油の問題とともに、ユーロに移行しつつある基軸通貨の問題があることも明らかである。しかしながら重要なことは、これらの戦争がアメリカのアイデンティティの問題と大きく関連していることであろう。政治経済的覇権を失ったアメリカにおいて、より非民主的で自由の担保されない国々の存在はアメリカの存在理由を生み出す。その国々を民主化していくことが自由と民主主義の担い手であるアメリカの責務であること。

しかし、百九十カ国以上ある世界の国々のなかで民主的であるといわれるのはおよそ六十五カ国しかない(35)。逆にいえば、アメリカは残りの百二十五カ国以上の国々を民主化しなければならないことになる。もちろんこれらすべての国々にアメリカが介入し民主化するかどうかは今後の情勢にもよるであろうが、いまの段階ではありそうにない。実際、現在のアメリカ政府がイランや北朝鮮など特定の国々しか標的にはしていないのも事実である。このことから、アメリカにとっての自由と民主主義とは、あくまでも内側に向いた視線と失いつつある絶対的なアイデンティティとの絡み合いのなかで紡ぎ出される普遍的なよりどころとして理解すべきことがわかる。自由と民主主義が自己の不完全性

（経済的な覇権の喪失と政治的影響力の低下）を覆い隠し、アメリカがアメリカとして成立するアイデンティティの基礎を提供する。そしてそれこそが、興味深いことにアメリカが対外的に見せる寛容さと暴力性という二面性の源泉でもあるのだ。

第八章　構造的暴力と人間の安全保障

「人間の安全保障」という概念は、一九九四年に発表されたＵＮＤＰ（国連開発機構）の『人間開発報告書（ＨＤＲ）』におけるセンセーショナルな登場以来、国際関係学のなかで現実主義の提示する安全保障概念に対するオルタナティブな概念として一般的には理解されてきた。政治経済と異なる第三の領域に焦点を当てるグローバル市民社会論や、いわゆる国際法や国際的な規範を通した人権の擁護を主張するリベラル派の理論家たちにとって、この概念の持つ政治的インプリケーションは非常に大きい。なぜなら、それは現実主義的な安全保障概念――それはあくまでも国民国家をエクスクルーシヴな主体と仮定した世界に的を絞ったものである――と異なり、個人――まさにグローバル市民社会論や自由主義者が称揚する現代の国際関係の主体――に焦点を当てた新たな安全保障概念だからである。

この安全保障概念にまつわる対立軸の設定は、一九四〇年代から戦後にかけて戦わされた現実主義対理想主義といういわゆる国際関係第一の論争、および一九七〇年代から八〇年代にかけてアメリカ国際関係学会のなかで展開されたいわゆるネオ・ネオ論争（ネオリアリズム対ネオリベラリズム）の現代版と理解することもできよう。この二つの白熱した議論のなかで戦わされたのは、国際法や国際機関を通して、すなわち国際関係の理念的な規範を通して平和を実現していこうという考え方と、無政府状態という所与の環境の下で国家という国際関係の主体は必然的に主権の維持にのみ関心を注がざるをえないという考え方との相剋であった。この二つの議論を通してはっきりとした結論が導かれたわけではないが、この対立軸には決定的な空白がある。すなわち「プライベート」な領域に埋め込まれた政治経済的な権力構造や文化的な領域すなわち人々のライフスタイルや思考パターンに対する分析の不在であり、これは自由主義に埋め込まれた政治と経済の分離——その意味で国際関係における現実主義は政治哲学における古典的な自由主義の亜種であるともいえる——の一つの表出であるとも考えられる。そして、このことはとりもなおさず現実主義／自由主義、旧来の安全保障概念／人間の安全保障概念という二項対立図式の根本にある統治の問題を包み隠してしまう。

本章が関心を寄せるのはこの自由主義的な前提に基づく一連の二項対立に埋め込まれ、なおかつ私たちの視線から隠された統治の問題を人間の安全保障言説を分析することによって明らかにすることであり、そのために主として政治経済学的な手法および国際文化論的な視点を取り入れながら人間の安全保障概念を批判的に考察していく。そこでの主なトピックは、人間の安全保障における人間とは誰なのか、人間の安全保障を語る主体とは何なのか、さらにその主体が理想とする人間像——そしてそれは人間の安全保障言説を通して非統治者に適用される——とはどのようなものなのかという点である。ここで政治経済学的な手法および国際文化論的な視点とは、市場や思想という領域における権力構造・暴力に焦点を当てる手法を意味し、それはおおよそ平和学の父と呼ばれるガルトゥングのいう構造的暴力と文化的暴力とに呼応している。そしてこれらのアプローチを通して国際関係理論に通底する自由主義的前提を明らかにしていきたい。

一　人間の安全保障の歴史

UNDPレポート

人間の安全保障が最初に国際関係の表舞台に登場したのは、一九九四年にUNDPによって出版された『人間開発報告書』であったと一般的には理解されている。もちろん、それまでに似たような議論がなかったわけではないが、きちんとまとまった形で、しかも「人間の安全保障」という名前でこの考え方が国際政治の舞台に登場したのはこの報告書が最初であった。この報告書では、伝統的な安全保障言説――それは国家とその主権の維持というコンテクストにもっぱら適用されてきた――を個人レベルに直接繋げようとした試みとして理解することが可能であろう。つまり国家中心の安全保障言説が、「安全保障という逆説」（ある国の安全保障が他国およびその地域に住む人々の脅威となっているために不安全を引き起こすという逆説）から抜け出すために、国家レベルではなく個人レベルにおける「安全保障」という言葉の意味を模索したのである。この初期の人間の安全保障論には、四つの理念があると一般に考えられている。すなわち普遍性、相互依存、不安全への介入とともにその防止の重要性、そして人間中心主義である。

普遍性という文脈において人間の安全保障言説は、現代に見られるさまざまな脅威は地域に特殊な現象ではなく、むしろ普遍的なものであると主張する。これは失業、麻薬中毒、犯罪、環境汚染そして人権の無視は特定の地域に限定的なものではなく、むしろ人々の生活に対する一般的で普遍的な脅威であること、そしてこの脅威に対して早急な対策が求められているにもかかわらず、それは急速に地球全体に拡張していることを意味している。こうしてUNDPは人々の苦しみには程度の差こそあれ、そのリスクは場所を選ばないものとなっていることを強調している(1)。

第二の特徴である相互依存とは、多くの人々の個人的な生活に直接関連したリスク、すなわち飢饉、公害、麻薬取引、テロリズム、社会的・経済的危機などの人々の生命に対する脅威が一つの国家・地域に限定されるものではないと同時に相互に緊密に結びついていること、そしてそれらの脅威が一つのグローバルな問題群を形成しているという認識に基づいている。つまり、現代社会に特徴的な緊密な相互依存関係が、第一のポイントである普遍性と密接に連関していることを意味している。人間の安全保障という点での脅威が国境を簡単に越えているという事実は、同時にグローバルレベルでの具体的な方策が必要とされていることを意味しているのである(2)。

第三に、人間の安全保障は国際社会による問題への介入と同時に防止のための政策を提唱する。しかしこれは必ずしも倫理的な要請ではない。人々の不安全に対する対処が人間の安全保障の具体的な実践の大半を占める一方で、さまざまな不安全が制御不可能となる前にその問題の噴出を防止することの重要性が強調される。そしてこの考え方が一般に受け入れられることによってその対処のためのコストを削減するという目的がそこには存在する。つまり倫理的な視点からの要請というよりは、経済効率性の観点からの要請なのである(3)。

第四の人間の安全保障が人間中心主義であるとは、人間の安全保障（そしてそれに基づく具体的な政策）が個々人や社会レベルでの命をグローバルな規模で維持・生産していくことを意味している。ここで重要なのは、UNDPによる人間の安全保障言説において、個々の命や社会が優先されていることと選択の自由、市場へのアクセス、機会の均等などの自由主義的原理とが直接的に結びついていることであり(4)、このことはのちに詳しく議論するグローバルな統治性の問題とかかわってくる。

この四つの理念を具体的な政策に落とし込むとき、『人間開発報告書』は六つの脅威と七つの安全保障領域に焦点を当てる。六つの脅威とは際限のない人口増加・経済機会の不均等な配分・過度の国際的な移民・環境破壊・麻薬の生産と密売・国際テロリズムであり(5)、七つの安全保障領域とはすなわち経済・食料・健康・環境・個人・コミュニティ・政治についての安全保障である(6)。そしてこれらの領域における安全保障が担保されることによって上記の六つの脅威が解決されると説明される。経済の安全保障とは個人の所得の安定を意味し(7)、食料の安全保障とは国家がすべての国民に最低限の食料を保障することを意味する(8)。健康の安全保障とは感染症や病気に対処できる適当な医療システムの維持を意味し(9)、環境の安全保障とは主として土地や水の汚染についての安全に関するものである(10)。個人の保護とは、犯罪や家庭内暴力、麻薬、自殺などから人々を守ることであり[11]、コミュニティーの安全保障とは、人種、宗教、出自などについての差別の撤廃を意味する。そして、政治的な安全保障とは民主主義や人権概念の遵守といったことを指し示している。こうして七つの主要な領域に分けられた人間の安全保障であるが、その後の展開のなかで大枠として二つの重要な領域にその焦点が絞られてきた。すなわち人間開発と平和構築である。この二つの領域は、いわゆる国際政治経済と外交・安全保障という領域に呼応し、次に説明する人間の安全保障委員会の報告書においては「欠乏からの自由」と「恐怖からの自由」という人間の安全保障において最も重要な二つの自由概念として説明される。

人間の安全保障委員会報告

一般的には一九九四年に出版されたUNDPによる『人間開発報告書』は人間の安全保障の最も重要なテキストの一つであると理解されてきたが、ノーベル経済学賞受賞者のアマルティア・センや元国連難民高等弁務官の緒方貞子が中心となって設立された人間の安全保障委員会の報告書『安全保障の今日的課題』（以下、人間の安全保障委員会報告）もまた、見逃すことのできない報告ということができる。人間の安全保障委員会によってUNDPの報告から約十年後に提出された最終報告書である同書は、『人間開発報告書』の方向性を踏襲しながらもさらに深く議論を進めたものとして位置づけられる[12]。人間の安全保障委員会は当時の国連事務局長コフィ・アナンが二〇〇〇年九月の国連ミレニアムサミットでその設立を要請したものであり、日本政府のサポートで実現したものである。この委員会は『人間開発報告書』によって提示されたさまざまな個人レベル・社会レベルの脅威の問題を、二つの人道的な問題すなわち「恐怖からの自由」と「欠乏からの自由」を保障することを通して解決することを主要な目的とした。

ここにおける個人の自由に対する強調は、『人間開発報告書』と同様に普遍化された自由主義の原理と実践に結びつけられている。実際、「恐怖からの自由」と「欠乏からの自由」は、一九四一年に国際関係における理想主義／自由主義の旗手であったアメリカ大統領のフランクリン・ルーズベルトが議会に対して行なったスピーチにその起源を持つ（ちなみにそこではこの二つに加えて「表現の自由」と「信仰の自由」が取り上げられていた）[13]。ルーズベルトは、「侵略者」もしくは「敵国」の攻撃に対して、この四つの自由主義原則とユニヴァーサルなヒューマニズムをもって自由主義社会およびアメリカ合衆国は協力しながら対峙していかなければならないと述べている[14]。

人間の安全保障委員会報告では、「恐怖からの自由」と「欠乏からの自由」という二つの原則を実現するための実践的な政策も提示されている。すなわち、人々の参加とサポートの促進、すべての国における人間の安全保障のコンセプトの具体的な政策としての実施、そして世界的で大規模な脅威に対処するためのより具体的な行動計画の設定などによって、人間の安全保障の重要性について国境を越えた一般の人々の理解を促進することを提唱するのである[15]。

人間の安全保障委員会報告のなかで人間の安全保障概念と国家による伝統的な安全保障概念との関

係を議論している部分は、非常に興味深いものである。なぜなら、人間の安全保障委員会の報告書における最大の問題は、人間の安全保障言説と従来の国家中心の安全保障言説との間に横たわる矛盾をいかにして克服するかというところにあるからである。つまり、個人や社会に焦点を当てる前者の考え方と国家主権の維持を目的とした後者との間には、埋めることの難しい溝があり、少なくともこれまでの国際関係の歴史が語るところによれば往々にして前者の安全保障は後者の論理によって凌駕されてきたからである。しかし、報告書はこうした世界観・歴史観に真正面から挑戦する。そして四つの理由から、人間の安全保障と国家の安全保障は相互補完的であると主張する。その理由とはすなわち、第一に人間の安全保障は国民国家ではなく個人を中心におくことから、伝統的な安全保障よりもより広い理論的地平を提供することができる。第二に、人間の安全保障の視点を安全保障概念に導入することによって、これまで脅威として理解されてこなかった現象を個人の安全に対する脅威として認識することができる。第三に、これまでの安全保障概念の中心であった国民国家だけではなく、さまざまなアクターやエージェント（すなわちＮＧＯ（非政府組織）やＣＳＯ（市民社会組織））が人間の安全保障の行為主体として取り入れられ、その意味でグローバルな平和や秩序維持に貢献する。そして第四に、人間の安全保障は国家の外交／安全保障というレベルを超えて個々人のエンパワーメントに寄与し、それは同時に国家安全保障にとっても有益であると期待される。

この人間の安全保障委員会による国家安全保障と人間の安全保障との連結は、いくつかの予期しないような結果をもたらすであろう。人間の安全保障言説は、否定しがたい普遍的な価値を体現しており、これはいかなる国家であっても無視することはできない。そのため外交政策の担当者たちは少なくともこの言説に対する態度を何らかの形で表明する必要が出てくる。そしてそのなかで、人間の安全保障概念の包括的な方向性が国家安全保障と絡み合うことによって、外交担当者たちは国境を越える人々の生活や社会に関心を向けざるをえなくなるであろう。つまり、彼／彼女たちの生み出す政策はそれまでの主権の維持のみに注目してきた伝統的な安全保障観を必然的に超えることとなるのである。さらに先述のように、人間の安全保障言説における行為主体は国家のみではない。多様なアクターが行為主体として定義され、それらが国家によって見逃されてきた多くの脅威に有効となるであろうことが主張される。すなわち人間の安全保障は、伝統的な安全保障に貢献しつつもＮＧＯやＣＳＯのようなこれまで注目されてこなかった多くのエージェントが包摂されることによってより包括的な概念となる[16]。このことは、政策担当者たちが市民社会組織の声を無視できなくなることを意味している。これまで国際関係のマージナルな場所に配置されてきた市民社会組織は、人間の安全保障言説を通して一気に表舞台へと上がることとなる。事実、『グローバル市民社会論』という本を出版し、今世紀最初の十年の国際関係学を席巻したメアリー・カルドーが人間の安全保障についての専門書を近年出したのも、こうした背景があってのことである[17]。そしてこうした組織が安全保障概念のなかに確固たる場所を確保したことによって、外交担当者たちの安全保障概念にも大きな影響を与えるであろうことは容易に想像することができる。

こうして人間の安全保障が従来の安全保障という領域を浸食し始めたことは、安全保障にまつわる言説全体を変革させていくであろう。しかし、そのことをもって安全保障言説が「良い」方向に変化していくと結論づけることはできない。なぜなら「良い」方向という概念それ自体、必然的にアプリオリな主体、すなわち安全保障言説を語る主体の存在を前提としており、その主体は普遍的な価値を少なくとも認識する能力を持っていると仮定されているからである。

人間の安全保障が国家安全保障よりも包括的なアプローチを採用しているという認識は、安全保障という領域がより多くの人々によって語られ始めていることを意味している。すなわち安全保障の民主化ともいえるような現象である。ただし、この民主化が本当に一般的な生活レベルの人々に寄与していくためには一つの重要な条件が付随する。すなわち、この包括的なアプローチが逆に一元化された安全保障概念を生み出さないという条件である。もし、安全保障が何らかの理由で画一化された言説によって支配されることになれば、そこから排除される個人・社会・国家を生み出すことになり、それは人間の安全保障の理念と相矛盾してしまうという事態も予測できる。事実、今日における人間の安全保障言説はその危険性を孕んでいると考えられる。すなわちその偏重した民主主義の評価と自由主義的な世界観である。

人間の安全保障言説が個人の政治的・経済的参加を特に強調するということは、それがいわゆる自由主義的・合理的経済人を前提として構築されていることを意味する。実際、二〇〇三年の人間の安全保障委員会の報告書はその最初のほうで、人間の安全保障は人々の生活に関連する政策を決定するとき、そうした政策に直接影響を受ける人々こそ最もアクティブな参加者でなければならないと述べている。この、個人に関することは本人が最もよくわかっているという自律的人間像は、まさに近代合理主義に基づく合理的経済人の典型的なモデルである。そのため人間の安全保障言説は自分たちの生活を改善しようと努力している個々人を支援するという立場をとる。[18] そして同時にこれは人々の自決権をともなうこととなる。

もちろん、具体的な政策決定にその政策に最も影響を受ける人々が参加することの積極的な意味は否定できない。政策立案者たちが一方的に開発や安全保障政策を作り、それを人々に強制することは絶対に避けるべきことであろう。しかしながら問題となるのは、参加型の政策立案プロセスに参加する人々が本当に自分たちの状況を理解できるのかという問題である。つまり、カーやアレントが指摘する、十九世紀から二十世紀初頭にかけて広がった民主化の波が二つの大戦に大きな影響を与えたという現象（そこでは大衆と化した人々が熱狂的に全体主義を支持した）が、今日の人間の安全保障言説にかかわる問題のなかで再び生み出される可能性はないのかという問題である。換言すれば、人間の安全保障言説が人々の政策プロセスへの参加を通して、画一化された人々を再生産するのではなく、より多様な主体・議論を生み出すことに貢献できるのかという問題が、人間の安全保障という新たな安全保障概念の成否を決定する最も重要なポイントといえるのではないだろうか。すなわち、人間の安全保障が普遍化され神格化されることによって絶対的な概念となり、逆にその神格性・絶対性が異なる価値観・解釈を持った「他者」を疎外する主体となる可能性も考えられるのである。ここからは、この点にフォーカスを当てながら人間の安全保障委員会報告の二つの自由概念を詳しく見ていきたい。

「欠乏からの自由」

人間の安全保障委員会報告における「欠乏からの自由」は人間開発やエンパワーメントと直接的に関連し、「恐怖からの自由」は政治的保護や安全と結びついていると解釈するのが一般的である。事実、人間の安全保障委員会は特定のアクション・介入プログラムが必要とされる人間開発と人間の安全保障言説とを重ね合わせて理解している。そこでは貧困の解消のため、経済的な発展の恩恵が最も不利な立場におかれた人々のところへ届くことを確実にすることが要求される。これはさらに、すべての人々に平等に機会が与えられることを意味する経済的な安定を必要とする。適正な資源配分のバランスと機会の均等もまた人々のエンパワーメントに寄与するのである。そして同時に、経済・金融の不安定期・停滞期における適度な政府の介入も推奨される。適切な市場介入もまた、人々のエンパワーメントを可能にする前提条件なのである。

同時に、UNDPの『人間開発報告書』と人間の安全保障委員会報告においても、ともに人間の安全保障のなかでの開発やエンパワーメントといった領域でさえ人間開発という概念そのものよりも狭い領域を取り扱うものであるとも述べている。これが人間の安全保障と人間開発とが完全に一致しない理由であり、人間の安全保障について別個の言説が必要とされる理由である。換言すれば、人間の安全保障は人間開発とは何か、そしてそれがなぜ問題とされるのかといったことを再考する契機を提供するものである。UNDPは、人間開発とは人々の選択の幅を広げることであると主張する。しかし人間の安全保障は人々がそれらの選択を自由に安全に行なうことができることに注目するという。(19)

つまり、人間の安全保障においては、そうした人々の選択が安全に行なわれること、今日と同じく明日も同様の選択ができることが重要視されるのである。人間の安全保障委員会報告も同様に、人間開発は人々が自分たちにとって最も価値のあると考える人生をいかに生きるかを彼／彼女ら自身のみが決定するという意味で、人々の選択が広がることであると定義している。そして、こうした選択が「状況が悪化する危険性」があったとしても行なえるようにするのが人間の安全保障ということになる[20]。

アマルティア・センはこの人間開発と人間の安全保障の違いについてより具体的に言及している。それによれば、人間の安全保障とは日々の生活の陰の部分の危険に焦点を合わせることによって人間開発を補完することとされる[21]。つまり、経済が上向きの成長期においては人間開発が、そして逆に下降期においては人間の安全保障が重要な役割を果たすことを意味する。経済が成長過程にあるときに加熱する経済に対処するため短期的に雇われた人々の雇用ほど、不況期においては簡単に不安定化しやすい。そうした人々の生活を守ることこそが人間の安全保障に課せられた責務であるというのである。

このように、「欠乏からの自由」に関する人間の安全保障言説の主要な関心は経済下降期におけるいわゆる「弱者」の保護にあると考えられる。「弱者」の救済は人権概念や基本的な個人の自由といった普遍的で基礎的な概念を尊重することにあるというのは、『人間開発報告書』も人間の安全保障委員会報告もともに述べるところである。しかしながら具体的にどの権利、どの自由が尊重されなければならないのかという問題は非常に難しい問題である。こうした具体的な個人の権利や自由の保障問題こそが、人間の安全保障が人権という普遍的な概念に貢献できる部分であり、そこでは「個々の状況のなかでどのような人権が問題となるのかを特定するうえでは「人間の安全保障」の考え方が手がかりになるし、逆に「人間の安全保障」を具体的に推進する手法を見いだすなかで、人権は大きな役割を果たす」ことになる。[22] これを実現するためにも国際的な規範の展開、制度の充実といった国際協調の努力が必要とされ、同時に人間の安全保障の規範や原理そして制度のためには人間開発はシステマティックで包括的でなければならないとされる。[23]

国際的な経済開発領域における人間の安全保障の実現のための政策や提唱された方針は、明らかに民主的参加という考え方を基本としている。人間の安全保障言説における民主的参加という概念は直接的に人々のエンパワーメントと関連しており、開発と安全保障のための絶対的な前提条件である。この考え方は人間の安全保障委員会報告に特に顕著であり、そこでは民主的参加を通した人々のエンパワーメントは人間の安全保障概念の中心的なものであり、これこそが従来の国家を主体とした安全保障概念と異なるところであると誇らしげに述べられている。そしてこれは同時に、これまでの人道的な介入や従来の開発学と異なる点でもあるとされる。そこで個人のエンパワーメントが重要であるのは、人間の安全保障概念が民主的コミュニティのなかで自分の潜在能力を開発しようとしている人々をイメージしながら構築されたためであり、これもまた人間の安全保障概念が自由主義的言説である典型的な例といえよう。

人間の安全保障委員会報告が指摘するように、民主的な社会においてはさらなる発展と秩序の維持のために人々の能力を促進させることが肝要となる。エンパワーされた個人は彼／彼女たち自身の尊厳や権利の尊重を求め、自立した人々はそれが侵害されたときその復元を求める。なぜなら、彼／彼女たちはすでにこうした自由主義的な価値の重要性に十分気づいているからである。こうした権利や自由をもって、彼／彼女たちは自分たちの機会、特に労働の機会をつかみ取ることができ、彼／彼女らはさまざまな地域的・国家的問題に対処する方法を見つけることができるのである。そして、エンパワーされた個人は飢饉を予防し、国家による人権の無視を公表することなどによって他の人間の安全保障を守るようになるであろう[24]。ここに描かれた人間像は典型的な自律的経済人であり、自由主義的な政治経済思想の前提をなすものである。

こうして普遍化された人間の安全保障言説の中心に位置する概念の一つである「欠乏からの自由」という言葉は、政治的言説としての自由主義に経済的、社会的、政治的な形で結びつけられる。

「恐怖からの自由」

主として貧困や開発といった経済的問題に関する概念として理解される「欠乏からの自由」概念に対して、「恐怖からの自由」は極めて政治的な問題に関するものとして定義することができる。そこで鍵となる政策は平和構築であり、平和構築は安全保障や外交という側面に関連することから、この部分は従来の国家安全保障政策と必然的に密接に関連してくる。社会的危機や紛争を経済的エンパワーメントという視点から予防しようとする「欠乏からの自由」概念と異なり、「恐怖からの自由」概念は紛争・危機後の平和と安定を求める直接的な紛争解決と関連している。しかしながら、人間の安全保障におけるこの二つの概念ははっきりと区別できるわけではない。例えば、平和構築もしくは紛争処理は暴力的紛争に介入することが主要な関心といえるが、それと同時に将来的な戦争・再紛争の予防を目指すという側面も考えられる。平和構築という概念を広く定義すれば、政治的・軍事的介入を正当化するとともに将来における同様の危機を避けるという意味合いも持つのである。そして将来的な紛争を避けるためには、低開発や貧困という問題の解決は不可避であると人間の安全保障言説は語りかける。

現代の世界における二つのもっとも深刻な事態、つまり暴力を伴う紛争がなくならないことと、大規模な経済の不平等と貧困が起きていることのあいだには、つながりがある点に注目すべきである。そういっても、誰も驚きはしないだろう。明確な経験に基づいて政治的混乱と経済的剝奪との因果関係を確立した研究はほとんどないが、二つの現象の間に確固たる因果関係が存在するという基本的な仮定は、広く受け入れられている。[25]

人間の安全保障言説は、開発とエンパワーメントを通した紛争予防と平和構築を通した紛争解決とは相互依存の関係にあると主張する。そこでは、貧困や低開発が暴力的な紛争の原因となるさまざまなファクターを生み出す温床となっていると議論される。つまり、「恐怖からの自由」を保障していくためには、「欠乏からの自由」を担保しなければならず、それが失敗に終わったとき、紛争が頻発することになる。

しかしながら、「欠乏からの自由」が保障されたことのみによって「恐怖からの自由」が保障されるわけではない。なぜなら、人間の安全保障言説が焦点とする恐怖は暴力的な紛争のみではないからである。では、「恐怖からの自由」とはどのようなイメージをもとに描かれているのであろうか。ここで問題とされる恐怖は主として個人レベル・コミュニティレベルのものであり、暴力的な紛争や国家間の戦争が問題となってくるのも、国家主権が脅かされるという意味からではなく、こうした個人レベル・コミュニティレベルでの恐怖が増大するという意味においてなのである。そのため、そこではっきりとした「敵」が存在するわけではなく、そうした脅威はあまねく遍在するものとして定義される。

国家の安全保障では、好戦的あるいは敵対的な他国の存在が念頭にある。そして敵国から国境や制度、価値観、国民などを守るために強力な安全保障体制をつくり上げる。これに対し「人間の安全保障」は、外的からの攻撃よりもむしろ、多様な脅威から人々を保護することに焦点を当てる。(26)

つまり、「恐怖からの自由」の主体となるのは個人やローカルなコミュニティであり、そこでの問題とは麻薬、犯罪の増加、交通事故、職場・家庭での暴力などの「多様な脅威」である。こうした個人的でローカルな危険は、それが女性や子どもに向けられたときに特に破滅的なものとなるということに、二つの報告書が注意を喚起していることは、この文脈においてとりわけ注目に値する[27]。

往々にしてこうした脅威の直接的な犠牲者になる女性や子どもに対して、人間の安全保障言説は特に注目する。性的マイノリティや少数民族に対する差別などの事例においても、頻繁に標的となるのは女性や子どもである。また、アフリカにおける女性割礼などの特定の伝統・文化・社会的慣習といったものによる暴力も人間の安全保障言説のなかで強調され、社会問題として認識される。さらに、スリランカ、旧ユーゴスラビア、ルワンダなどにおける民族的・人種的差別がその例として取り上げられている[28]。

結局こうして見てくると、平和構築の基礎となる政治的な面に関する安全保障としての人間の安全保障言説は、人権という概念と直接的に繋がってくることが明らかになる。そして人権は、人間の安全保障委員会報告では政治的な面に関する人間の安全保障を補完するものとして位置づけられている。

人権と「人間の安全保障」は相互に高めあう概念である。個々の状況の中でどのような人権が問題となるかを特定する上では「人間の安全保障」の考え方が手がかりとなるし、逆に「人間の安全保障」を具体的に促進する手法を見出すなかで、人権は大きな役割を果たす。人権概念は、義務と責任を明確にすることにより、倫理や政治の面に光を当てる「人間の安全保障」を補うことができる(29)。

こうして「恐怖からの自由」や「欠乏からの自由」といった概念は人間の安全保障言説のなかで大きな役割を果たすことになる。

この二つの「自由」概念を通して見えてくるのは、人間の安全保障言説は主として先進国以外の国々をターゲットにして展開されていることである。そこでは、さまざまな脅威によって脅かされる人々をいかに「保護」するかという点が強調される。

「人間の安全保障」は人間を危険から巧みに保護することをめざす。たとえば、金融危機、暴力を伴う紛争、慢性化した貧困、テロ攻撃、ＨＩＶエイズ、保護サービスへの投資不足、水不足、遠隔地になる汚染源による環境破壊など、人々や社会が自らの力ではどうにもならない原因により安全を脅かされている事実に目を向ける(30)。

そして、先進国に住む人々には、こうして生活を脅かされている人々を「保護する責任」があるという。ここで問題となるのは、誰が「保護されるべき人間」であり、誰が「保護する責任を持つ人間」なのかという点である。そしてさらに大きな問題は、そうした「人間」を決定するのは誰なのかというところにある。つまり、人間の安全保障を語る主体とは誰であり、その人間はどのような権能を付与されているのかというところが曖昧なままに残されているのである。ある人の権利が侵害され、生活が脅かされている状態についての普遍的な判断基準を提示することは非常に難しい。逆にいえば、「恐怖」や「欠乏」についての客観的な判断基準というものが存在しないため、ある人の「恐怖」や「欠乏」が「人間の安全保障」という枠のなかで語られるかどうかは、必然的に主観的な判断となるのである。では誰の主観的な判断が力を持つのであろうか。それは残念ながら、「保護する責任」を持つ側であり、「保護される権利」を持つ側ではない。ここに人間の安全保障に埋め込まれた権力関係が明らかとなるのである。

二　人間の安全保障と自由主義思想

旧来の安全保障と人間の安全保障

先述したように、UNDPおよび人間の安全保障委員会によるそれぞれの報告書は、非常に強く自由主義的な価値観を体現したものとして理解することが可能である。一般的に自由主義には、個人主義的な方向性、市民社会の成熟と寛容な社会の実現、経済の相互依存、市場メカニズムへの信頼と政治からの分離といった特徴が考えられるが、人間の安全保障言説はまさにこうした考え方に依存している。例えば、委員会報告は、「「人間の安全保障」の下では、人の生き方を決定するのはその人自身であるとの考え方からすべてが始まっている」と述べ[31]、どのような危険な状況におかれようとも、人間は「たいていの場合自ら解決の糸口を見出し実際に問題を取り除いていくことができる」能力を持つと主張する[32]。これは典型的な個人主義的な言説であり、そこにはアプリオリに確立した行動主体の存在が前提とされている。この問題は、現代の国際関係学のなかで一つの焦点となっている問題であり、主体性のアプリオリな存在可能性をどこまで仮定するかによって、かなり異なった政治的な意味を引き出すことが可能となる。詳しくは後述するが、人間の主体がアプリオリなものではなく、社会的に構築されるものと仮定すれば、この自由主義的な主体についての仮説が否定されるだけでなく、人間の安全保障言説それ自体も政治的な意味を持つものとして私たちの前に現れてくることとなる。

自由主義的な世界観は同時に、寛容な市民社会を理想とする。そこでは、人種や性別、年齢、「障害」の有無、宗教、思想、性志向などにかかわらず、すべての人々に機会が均等に与えられることが求められる。そのなかでも特に重要なのが教育である。そして人間の安全保障言説もまた教育の重要性を強調する。

貧しい人々が教育の機会を享受することは大切であるが、単に機会が確保されるだけでなく、学校が安全であること、市民社会を育み寛容な社会をつくりだすような教育内容であることが重要である[33]。

つまり、一定の教育を受けることによって、社会全体が「他者」に対して寛容となるためには教育が必要とされるのである。この主張は非常に重要なものである。なぜなら、グローバリゼーションが進展する今日において、「他者」に対する寛容な社会すなわち多文化共生社会というものの必要性は急激に高まっているからである。

しかし、ここでもやはり一つの現実的な問題が顕在化する。すなわち、その教育を提供するのは誰なのか、寛容な社会を生み出す教育が実践されることを保障するのは誰なのであろうか、という問題である。この問題は必ずしも今日に特徴的なものではない。少なくとも国際関係においては、早くから議論されてきた問題なのである。

現実主義対理想主義

教育についての人間の安全保障言説は、国際関係を学ぶ者たちに固有のある記憶を蘇らせる。すなわち、いわゆる国際関係「第一の論争」である。第一の論争とは、一九四〇年代から第二次大戦後にかけて戦わされた現実主義と理想主義との議論を意味する。そこでは理想主義的に展開された戦前の国際関係――それはとりもなおさずウィルソン米大統領によって展開された国際的な協調体制を意味する――に対するE・H・カーやハンス・モーゲンソーの痛烈な批判が繰り広げられた。民族自決原理――すなわち自分たちのことは自分たちが決定するという原理――や普遍性に基づいた教育といった理想主義的な言説に対して、例えばカーは次のように述べている。

大衆の意見を政治において最重要なものとしたのは経済的社会的条件であるが、その同じ条件がまた、大衆の意見を形成し指導するために無類の射程と能率とをもつ諸手段を生み出した。これらの手段のうち、最も古くしかも今なおおそらく最も有力なのは、普通教育である。教育を用意し提供する国家は、当然に教育の内容を決定することになる。どの国家も、その将来の市民を国家の基礎原理の破壊を教える学校に収容するのを許すわけがない。民主制においては、子どもはデモクラシーの権利自由を尊重することを教えられるが、全体主義国家においては、全体主義の強味と訓練を賛美することを教えられている。いずれの体制においても、子どもは、自国の伝統、信条、制度などを尊敬するように教えられ、自国が他のいかなる国よりもよいのだと考えるようにしつけられる。この幼児期に巧まずして型にはめて性格を形成してゆく影響力は、いくら強調してもよいほど重要である。(34)

このカーによる批判は、国際社会がどの程度、国家間システムとしての性格を残しているかによって評価が変わってくるであろう。つまり、カーが右の主張をした一九三〇年代における国際社会の状態と現在の状態とがまったく同一であるとはいえないのは明らかである。それにもかかわらずカーのこの批判が人間の安全保障言説の批判的な理解にも少なくともある程度は適用できるであろうと考えられるのは、多かれ少なかれ現代の国際社会も国家間システムという性格を残しているという事実に起因する。グローバリゼーションが進展し、海外の人々・経済との相互依存が大きく深化している現在の日本においてさえ愛国心教育が提唱されることを見れば、国際社会が国家間システムを完全に超克し、普遍的な価値を体現し始めたとはいえないことは明らかであろう。皮肉な見方をすれば、グローバリゼーションが進展するからこそこうしたナショナリスティックな言説が隆盛を極めるのであり、グローバリズムとナショナリズム、すなわち普遍と特殊という政治思想のなかで長年戦わされてきた二律背反に関する議論において、この二項対立は完全に相互依存的な共犯関係にあるといえる。その意味で、普遍的で寛容なグローバルな市民社会の完全な実現は少なくとも現実的には不可能であり、その不可能なものを前提として紡ぎ上げられる自由主義的な理想主義言説は必然的に現実主義からの厳しい批判に晒されるのである。

普遍的な教育という概念それ自体は非常に重要なものである。批判的な視点から人間の安全保障言説を理解したとしても、それを頭ごなしに否定することは避けなければならない。そこで重要となるのは、普遍的な教育という考え方を語る主体が国家間システムのなかに存在するという事実であり、それは普遍的な教育の提供者が必然的に国家もしくは公的な機関に限られているという点を勘案しなければならないことを意味している。そしてそこに、国家安全保障概念によって人間の安全保障が歪められ、乱用される可能性が出てくるのである。

こうして考えてくると、人間の安全保障言説は国家間システム——そこでは主権維持をかけた熾烈な闘争が繰り広げられると仮定される——の力を低く見積もっているのではないかという疑問が生じる。人間の安全保障言説においては、国家による教育がどのような主体性を人々に植えつけようとするのかという点についての関心が低いのみではなく、結局は国家の安全保障という極めて特殊な利益によって誘導される政策との相互補完的な側面を強調することによってしか人間の安全保障言説それ自体も国際社会の土俵に登れないという事実が、現在でも強固な国家間システムが厳然として存在することを証明しているという、非常にアイロニックな現象が生じているのである。そしてその意味で、人間の安全保障言説の乱用を避けながら実現に向かって進んでいくためには、この国家安全保障言説と協調しつつもそれに絡め取られず、それを乗り越える方策が必要となる。しかしながら、現在の人間の安全保障言説ではその具体的なプログラムは明示されていない。

政治と経済の分離——自由主義と功利主義

自由主義のもう一つの特徴は政治と経済の分離であり、これもまた人間の安全保障言説のなかで特徴的に見られるものである。貧困が紛争と結びついているという観点——「欠乏からの自由」と「恐怖からの自由」という二つの自由の相互依存関係——をもって人間の安全保障言説が政治と経済を結びつけていると結論づけることはできない。なぜなら、自由主義に見られる政治と経済の分離は、単なる経済発展と民主主義との関係といったものではないからである。ここで重要なのは、市場中心主義やレッセ・フェールといった経済についての言説を語ることそれ自体が政治的であるという事実を、ほとんどの自由主義者たちは無視してきたという問題である。例えば、第二次大戦前における自由主義思想を批判しながらカーは次のように述べている。

利益調和の理論は、……富裕な特権層が当然に立てる想定である。彼らは共同体において最有力の発言権を持つのであり、そのことから自然に自己の利益と共同体のそれとを同一視することになる。この同一視の結果として、支配層の利益のへの攻撃はいずれも、共同体全体の共通の利益への攻撃であるとして非難され〔る〕……。利益調和論はこうして、特権層が彼らの支配的地位を正当づけ保持するために、懸命につくりあげた巧みな道徳的考案として役立っているのである。(35)

もちろん、人間の安全保障言説はこうした直接的な特権階級への支持を表明しているわけではない。逆に、あくまでも個人に安全保障の焦点を絞ることによって、この富裕層による支配を乗り越えようとしていると理解できる。しかしながら、個人に自由主義経済の恩恵をもたらすためには解決しなければならないさまざまな問題があることも事実である。それを超越することは単にそうした恩恵がより多くの貧しい人々に届くべきであると主張することのみでは実現不可能であり、何よりも問題なのは、そうした政策を立案・実施するのは実際には「貧しい」人々ではなく、往々にして富裕な特権層であるという問題、すなわち語り手の問題がここでも登場することである。事実、人間の安全保障の国際社会での受け取り方を議論するときにあがる名前は必ずといってよいほど国民国家であり、最近になって頻繁に言及される日本やカナダの人間の安全保障の普及に対する努力はまさにこうした文脈で理解できるのである。この問題は、人間の安全保障という言説それ自体に埋め込まれたものでもあり、多くの場合、そうした「貧しい」人々の生活を、政策立案者の考える「善き生」へと引きずり込むという危険性を孕んでいる。つまり、そこには「人間の安全保障」という概念における「人間」とは誰なのか、どのような人々を指すのかという問題がつねに存在し、この点を理解するためには必然的にこうした問題を誰が語るのか、誰が人間の安全保障を語る権利を有するのかという点に行き着くのである。

三　現在の人間の安全保障にまつわる議論

こうして人間の安全保障についてはこれまでいくつかの一般的な批判が提示されてきた。さらにここでは特に二つの批判を詳しく取り上げる。その批判とは、第一にいわゆる文化的暴力すなわち紛争を正当化する言説という観点からの批判であり、第二は統治性、すなわち権力的な支配という観点からの批判である。

文化的暴力と国際文化論

文化的暴力という概念は、主として平和学の父であるヨハン・ガルトゥングによって提示されたものである。文化的暴力はその前段階として、物理的暴力と構造的暴力という平和学ではおなじみの二つの暴力概念についての説明が必要となる。物理的暴力とは直接的暴力ともいわれ、いわゆる軍事的な暴力や戦争にかかわって生じる目に見える暴力を指す。前世紀の二度の大戦や現在頻発する地域紛争、そしてテロリズムなどがこのカテゴリーに類型される。これに対して構造的暴力（間接的暴力）とは経済格差などによって特定の人々の生命が脅かされたり自己実現が不可能となるような状態を指し、飢餓や低識字率、短い平均寿命、保健・医療の不備などの問題がここに入ってくる。この二つは平和学における重要な概念としていまでも一般的な教科書に見られるものであり、これらに関しては「恐怖からの自由」と「欠乏からの自由」が、構造的暴力に関しては「欠乏からの自由」がそれぞれ対応していると考えられるのである。

ガルトゥングは、一九九〇年代に始まったいわゆる冷戦後の世界における地域紛争の多発状況を分析し、そこで頻繁に使われている宗教や歴史、言語といったさまざまな文化的なファクターが紛争のなかで利用されている状況を指摘し、それを文化的暴力と名づけた[36]。例えば、国家・国旗は自国中心の世界観を植えつけるという意味からその例ということができるであろうし、極端な市場中心主義を唱える経済学言説もまた文化的な暴力の例といえる[37]。日本の歴史的な文脈からいえば、例えば十五年戦争中に京都学派や日本浪漫派が提供した「大東亜」の建設を肯定するような議論もまた、日本の帝国主義的侵略政策を正当化したという意味において文化的な暴力と理解することができる。

こうした問題を詳しく分析するためには批判的国際文化論的なアプローチが必要となる。国際文化論とは主として日本で展開されてきた国際関係理論であり、国際関係学の卓越した研究者である平野健一郎によって提唱されたアプローチである。平野は国際関係学のなかで頻繁に言及される文化——

それはしばしば合理的な説明が不可能となったときに使われるブラック・ボックスのような意味合いを持つ――が国際関係学のなかでほとんど検証されていない事実を批判し、逆に国際関係を文化論的に理解する必要性を主張する。つまり、文化とは説明不可能な事象をいったん棚上げにするための安易な道具ではなく、国際関係それ自体をも包摂する非常に大きな概念として定義するのである[38]。この考え方からいえば、国際関係を語るという行為それ自体もまた国際文化の分析対象となるはずであり、その意味で語る主体がどのようなコンテクストでどのように国際関係を語るのかという点さえも、国際関係学（もちろん国際文化論的なという条件がつくが）の分析領域に入ってくるのである。

このアプローチが主として日本において展開されてきたということには、おそらく日本にはもともと文化論的な議論が発展する土壌があったという背景があると考えられる。例えば、先述したように戦前から戦中にかけて悪名高き「近代の超克」ラウンドテーブルに参加したことでも知られる京都学派の面々は、「世界史の理論」を通して国際関係の文化的な側面についての哲学的理解に多くの労力を注いでいる[39]。そこでは、難解な哲学的概念を援用しながら、西欧近代を批判的に検証し、ベンサム的な功利主義――そこでは人々は必然的に統計学的な数字へと収斂されていく――の枠を乗り越えるような新たな思想の可能性が探られた。そして、特に戦争直前あたりから彼らによって「世界史」という言葉が頻繁に使われるようになり、この言葉には現代でいうグローバリゼーションとほぼ同義の意味が付与される。彼らは主張する。この新しい「世界史」的な世界においては特殊（ローカルな文化）と普遍（国家を超えた世界）とは対峙するものではなく、相互補完的なものとならなければならないと。(40) 逆にいえば、特殊と普遍は二項対立ではなく、矛盾を孕みながらも同時的に存在するものでなければならないと主張したのである。現代でいう多文化共生の概念である。

しかし、京都学派の面々は西田幾多郎を筆頭に当時の軍部と関係を持ち、その動機についてはさまざまな解釈はありえるが、結果的に「大東亜」思想を正当化する言説を提供する。近代の西欧的な合理主義を乗り越えるためには、日本を中心とするアジアの社会システムを世界的に拡大していく必要があると議論したのである。事実、この言説を胸に抱きながら戦地に赴いた兵士も多かったという。なぜ、京都学派の崇高な多文化共生論は死の言説となったのか。京都学派の文化論はそれ自体を文化論的に分析する必要性に直面し、ここに批判的国際文化論的な視点の重要性が出てくるのである。

批判的国際文化論的なアプローチは、この京都学派の文化論的な哲学思想もまた文化論的な分析対象となるべきであることを主張する。すなわち、文化を語るというその行為それ自身も当時の国際的な文化の配置によって生み出されたものであり、そこには普遍／特殊という二項対立に連関する形での合理主義とロマン主義との対立、西洋とオリエントという形で構築された世界的なシステムのなかに語る主体が存在するという厳然たる事実があるのである。国際文化論的なアプローチは、こうして多文化共生的な国際関係言説を語ることそれ自体も国際関係のなかに存在し、国際関係を再構築するという事実を重視する。そしてこの事実は、普遍的な主張をする言説でさえも特殊な現実的利益を体現してしまうことを暴露する。

人間の安全保障言説もその意味で例外ではない。例えば山影進は、人間の安全保障言説が突如として一九九四年に国際関係の表舞台に現れた背景について次のように述べている。すなわち、人間の安全保障で述べられているさまざまな概念はそれ以前にもすでに開発などの文脈で語られており、それが人間の安全保障という言葉によって新たに定義し直されたのは、「冷戦後の「平和の配当」を開発のための費用に振り向けるための理屈づけであった」からであるという[41]。UNDPの意図したところは、すなわち冷戦の終結により行き場を失った軍事予算の再配分先として開発が選ばれるような言説を提供するところにあったといえる。これに対して、国家側は、開発よりも平和をという形で対抗していく[42]。いわゆる「保護する責任」の議論である。開発すなわち「欠乏からの自由」が世界的な富の再配分を意味するのに対して、国家側は自国に余った「平和の配当」を自国内の機関で支出される軍事費を利用した形に振り向けようとする。それが人道的介入の形をとった人間の安全保障への積極的なコミットメントの背景となったのである。

人間の安全保障概念はこうしてあくまでも主権国家の戦略のなかで生まれてきたものであり、その意味で普遍的な装いを持ちながらも特殊利益という文脈において理解すべきものといえる。そこには無政府状態という国際関係のなかで自国の利益を極大化しようとする従来の安全保障理論と合致する国際関係の主体像が見えてくる。人間の安全保障委員会の創設に尽力した当時の日本は、国際社会におけるプレゼンスを極大化しようと躍起になっていた時代にあり、憲法九条の制約から非軍事的な「国際貢献」の方策を模索していた。その後の日本の外交政策がいわゆる文化論的なソフトパワー論へと偏重していくのも、この非軍事的国際貢献という方向性をよく表している。また人間の安全保障の強力な推進者であるカナダについても、軍事的な形ではアメリカに遠く及ばないながら国際社会におけるプレゼンスを確保しようというミドルパワーとしての自己認識の表れということも可能であろう。

こうして人間の安全保障に対する批判的国際文化論的なアプローチは、人間の安全保障のような普遍性を持つといわれる言説にさえも、特殊利益が大きく関与していることを明確にする。つまり、人間の安全保障の裏側にあるさまざまなファクターを抜きにその普遍的な主張のみをもって理解することは、そこに埋め込まれたさまざまな政治的な意味を見落とすこととなるのである。そしてその意味は、単に人間の安全保障言説と国家間システムとの関係にまつわるもののみではない。もう一つ重要なのは、人間の安全保障言説と近代という問題なのである。

統治性・「善き生」

人間の安全保障概念が自由主義に基づいて構築されているという事実は、裏を返せば人間の安全保障には自由主義と同じような問題点が潜在していることを意味する。すなわち、多様性という聞こえの良い言葉の裏側に隠された統治性の問題である。この統治性（gouvernementalité, governmentality）という言葉を自由主義批判というコンテクストで使ったのはミシェル・フーコーであるが、彼は十八世紀から徐々に出現してきた科学的な言説と統計の技術を通して広がった新しい統治の技術を鋭く批判した。近代における支配の問題である。そこでの支配は「殺す権力から生かす権力へ」という言葉に表されるような新しいタイプの権力の出現によって特徴づけられる。そしてその「生」は究極的に労働者としての生であり、それは政治経済の機械のなかに組み込まれる動物的な「生」を意味した。逆にいえば、人間としての「生」——往々にして多様であり、コントロールできないもの——は無視され、画一化された人生すなわち「善き生」が提唱されることとなる。

この新しい支配体制は同時に自由主義を標榜するという特徴も持ち、多様であったはずの人々は市場という空間において利益の極大化を目指す一元的な人々へと収斂する。

ウィリアム・コノリーは自由主義をより洗練された支配体制であると定義する。そこでは、人々は、あらかじめ設定された理想的な人間像——それはしばしば経済的に安定し同時に他者に対して寛容であるとされる——により近づいていくことを運命づけられている。このすべての人々が一点に向かうという社会システムは必然的に人々の序列化を導き、社会的ヒエラルキーの登場を予感させる。

この序列化システムは単に人々の間に優劣をもたらすだけではない。このシステムは同時に暴力的な支配関係をも生み出すとコノリーは主張する。すなわち、ブルジョア社会に潜在する暴力性が階層の下部にいくに従って顕在化されるというのである。ではそのメカニズムはどのようなものなのであろうか。先述したように、自由主義社会に生きる人々は、特定のモデルに向かって「成長」するように運命づけられている。しかし、そのモデルが普遍化された抽象的な概念である以上、必ず人々はそのモデルと自己との相違に気づかざるをえない。そして、その相違点は単なる違いではなく、完全な人間像からの欠如として定義される。なぜなら、自由主義的モデルは普遍性を内面化したものであり、その定義上完全性を体現するものであるからである。そして、その欠如を背負わされた個人は不完全性という罪悪感に苛まれることとなる。この罪悪感を解消できるのは、唯一自分よりもより大きな欠如を持った者と遭遇したときである。すなわち、自分よりもさらに「劣った」存在を発見することによってのみ、この罪悪感は解消されるのである。そして、この罪悪感の裏返しとしての優越感は、劣者に対する爆発的な暴力を肯定してしまうのである。[43]

この自由主義というシステムに埋め込まれた暴力の可能性を指摘しているのは、コノリーだけではない。ハンナ・アレントも同様の議論を展開している。ユダヤ系ドイツ人として大戦間期をドイツで過ごしたアレントはナチスの迫害を受け、のちにアメリカに亡命する。そして彼女のアメリカでの生活はナチスを含む全体主義についての研究に費やされる。そのなかで、アレントはブルジョア社会に埋め込まれた暴力性に言及し、本国における落ちこぼれとしてのモッブ（往々にして暴力化する群衆）が植民地化された他国で新たな生活を見いだし、そのなかで猛烈な暴力をふるう主体となったことを詳細に描いている。第一章でも述べたように、アレントによれば、モッブとはブルジョア社会の鏡であった。モッブに特徴的なその比類なき暴力性は、偽善的なヨーロッパのブルジョア層の裏側に潜むものであったという。ブルジョア社会が生み出したモッブが、その社会に埋め込まれた非・反倫理性を表出させ、自ら体現したのである。[44]

自由主義が支配のシステムであるというこれらの議論は、人間の安全保障言説もまたこうした問題を抱えていることを意味している。例えば、人間の安全保障が人権の保障や飢餓からの脱出という普遍的な価値を有していることから、そうした課題を達成できない国々を「劣った」国々として人々に理解させる可能性を持っている。自由民主主義体制の国々にとっての他者である共産主義国などに対するマス・メディアの視線はそうした理解を見事に表している。そのことはひるがえって、自国における安全神話を生み出すこととなる。そのため、他国における貧困や低開発が人間の安全保障言説のなかで協調される一方で、国内における派遣労働者に対する差別的な処遇や犯罪の増加は例外的な事象として理解されることとなる。同時に紛争によって引き起こされる人々の不安全が人間の安全保障という文脈で語られても、米軍基地があることによる沖縄の人々の不安全はそこで議論されることはない。また他国に対する侮蔑的な視点は必然的にそうした国々の人々に対する差別的な態度を導く。先にあげた派遣切りや犯罪の増加がしばしば外国人の流入と結びつけられて語られることなどは、その典型的な例といえるであろう。

四　結　語

「多文化共生」という言葉が国内で使われ出してからしばらく経つが、この言葉もまた自由主義的な価値観を体現したものとして理解されてきた。しかし、そこには多くの問題が指摘されている。

はっきりと言えるのは、「多文化共生」という言葉はマイノリティ、または社会的に弱い立場に

置かれている人たちの側から発生した言葉ではない、ということである。(45)

このハタノの多文化共生批判は強烈なものであり、簡単に無視できないものである。もし人間の安全保障が多文化共生概念と同じように——実際本章の議論はそうした前提に立って展開されてきたが——自由主義的なものであるとすれば、同様の異議申立てがあってもおかしくない。人間の安全保障といいながら、誰がその人間に該当するのか、それを誰が決めるのかといった問題は人間の安全保障言説のなかでほとんど触れられていない。しかしながらこの問題を抜きにして人間の安全保障概念を受容することはあまりに危険であるように思われる。結局、人間の安全保障を学んでいくということは、それを語る人々を分析し、それを学ぶ私たちを検証することにほかならないといえるのではないだろうか。

第九章　国際社会と人間の安全保障

——生政治概念とアイデンティティ

人間の安全保障は進歩しているのか、それとも後退しているのか。人間の安全保障概念は一九九四年、国際関係言説のなかに彗星のように現れた。この概念が国際関係学のなかで最初に取り上げられたのは、同年のＵＮＤＰ（国連開発計画）が発行する『人間開発報告書（ＨＤＲ）』においてであり、それ以来さまざまなテクストのなかで取り上げられてきた。人間の安全保障は時として、国家による合法的暴力に極端に偏って焦点を当ててきた現実主義に対抗するアンチテーゼとして理解されてきた。そのため国際関係学の研究者は、この概念は国家や集団ではなく個人に焦点を当てるという意味で自由主義的な理想を体現していると理解してきた。

たしかに人間の安全保障概念は、国家間関係や国家に偏った関心を持つ伝統的な安全保障言説からの革新的な離脱としても理解することができる。こうして強調点を国家から個人へとシフトさせたことは、安全保障概念に新しい側面を付け加えたという意味で国際関係理論に大きな衝撃を与えた。しかし、一九九四年の『人間開発報告書』やその後に公表された人間の安全保障委員会の報告書などを見る限り、人間の安全保障はとても具体的なものとはいえないという批判的な議論も見られる。さらに、こうした国家から個人への焦点のシフトは必ずしも新しいものとはいえないとする議論もある。古典的なヨーロッパの哲学者が近代初期に自由主義との出会いのなかで同様の議論を行なっているからである。前章で詳しく触れたように、普遍化された人間中心主義（実際は欧米中心主義である）に基礎をおく自由主義言説（そして人間の安全保障はその一つである）によって一般化された国家や自由民主主義が、二十世紀初頭の欧州における具体的な文脈に適用されようとし結局失敗したことを、ハンナ・アレントやE・H・カーは厳しく批判している。人間の安全保障言説に関しては、それが自由主義に密接に結びつけられていることから、この概念の使用のされ方とその政治的意味を批判的に評価する必要があることは明確である。私はこの章で、もし人間の安全保障言説が自律的な個人の存在という自由主義的な原則に基づいているなら、自由主義言説それ自体に埋め込まれた同様の危険が人間の安全保障概念にもあることに言及したい。事実、人間の安全保障言説は、人間というこれまでほとんど疑問に付されてこなかった問題を国際関係の最前線に引き戻した。しかしながら、誰がこの人間という存在を認識し名づける権力、権限、能力を持つのかという問題については、依然として不透明なままである。

前章で論じたように、ミシェル・フーコーの統治性概念はこの文脈で有用である。フーコーによれば、統治性とは命を奪うよりむしろ促進しようと努める支配と政治的管理の近代的なテクニックである。近代的な自由主義社会においては、統治する側は個人に特定の知識の形式を提供することによって、人々が彼・彼女ら自身を規律する方法を管理する。近代的な生活のこの理解で最も興味をそそるポイントの一つが社会の「善き生」についての知識と社会政治的な統治の間の関係である。人間の安全保障言説は、それが自由主義によって特徴づけられる現代生活のモデルを提供し、社会的規範・知識・法則を個人に提供するという意味で、統治性の近代的レジームの典型として見ることができる。

しかしながら、このようにしてあらかじめセットされた社会的規範・知識・法則の実現は、これらの信条が自立的・合理的な個人の自由主義理念と結合されるとき、危険なものとなる。すなわち、現代の社会政治的な生活においては、自由主義的な個人はいつも罪悪感と責任という内部の感覚を負わされ、さらに既存の規範・価値と知識・形式によって管理され、もし彼／彼女があらかじめ規定されたゴールの達成に失敗するなら、彼／彼女自身に向かって憤慨を抱かなくてはならなくなる。その意味で統治性と自由主義理念の結合は危険であり、そして矛盾を生み出すのである。この罪悪感／憤慨は、既存の秩序・モデルにおいてさらにいっそう不完全であるかあるいは欠陥がある他者に向かってこれらの感情の再方向づけすることを通してのみ、軽減されることができる。国際関係に関しては、この憤慨の再方向づけが内戦と民族紛争において少数派の大量虐殺という形でしばしば出現する。それが世界的な生活様式／生活を人々に押しつけ、同時に他者を生成するとき、人間の安全保障言説さえ少数派に対する差別となることもありえる。

この章の目的は、主に自由主義の諸仮定、特にグローバルで非政府的な新しい安全保障パースペクティブおよびそこに埋め込まれた自律的人間像に焦点を合わせることによって、現在の国際関係における人間の安全保障言説を統治性の問題と結びつけることである。本章は人間の安全保障言説が国際関係のなかで一般化され、普遍化される道筋を批判的に分析し、そしてそれが新たに出現しているグローバルな生活と規範、価値と形式を構成する基礎になる過程を検証する。そこでは、特に現代のグローバルな政治経済のアリーナの周縁における人間の安全保障の概念の無批判な受け入れもしくは適用が、具体的な文脈で個別の生活に破壊的な影響を与えるであろうことを主張する。

一 統治性、生政治、規律的権力

かつてフーコーは、政府とは適切な行為の指揮（Conduct of Conduct）を決定することであると論じた[1]。Conductはここで二つの意味を持っている。一つは他者を「導く」という意味であり、他方は具体的な「行為」を表す。つまり、「行為の指揮」とは直接あらゆる種類の人間の行動をリードするか、あるいは舵を取るレシピを提供しようとすることを示している。政府あるいはガバナンスのこの原則は、フーコーによれば制度上のものであるだけではなく、そしていっそう重要なことに論理的である。それは「政治機構あるいは国家のマネージメントだけ」を意味するわけではない。むしろ、それは個人あるいはグループの行動の道筋を指揮統制するものである。フーコーによるこうした統治性についての分析は、国際関係学に子どもの、コミュニティの、家族の、そして病人の「統治」というような意味での政治もしくはガバナンスという概念の再導入を可能にする[2]。

「行為の指揮」のための合理的な統制の実施という統治性のなかで重要なものは、自律的な個人という概念である。実際、フーコーの統治性の議論では個人という主体がいかに政治的に構成されていくのかという問題に焦点が当てられる。現代のセクシュアリティの歴史を描写するなかで、フーコーは「生政治」という言葉でこの問題を取り上げている。生政治とは、権力がさまざまな制度やエージェントを通して人々を生きるように奨励する政治を指す。その意味で、このタイプの権力は古典的な権力――それは主として人々の命を奪うことに関連している――と正反対のものであるといえる。この生についての権力、すなわち「生権力」は、現代的な知識や知識を生産するレジーム、ディシプリン、そして方法（例えば、統計、行政管理、制度的コントロール）に必然的に結びついている。そして社会全体の人口の一部としての個人が国家の富を生み出す主たる源泉であると見なされていることから、この権力は人口全体の生産性を向上させると理解されている(3)。したがってこの新しい権力の形は可視的なものでも抑圧的なものでもない。むしろ、それは人々の健康管理や感染の予防といったように非常に不明瞭でしかも非常に生産的な形となる(4)。その意味で、はっきりとした中心を持ち同時に非常に鮮明な形で存在する古典的な権力と異なり、現代に特有の権力のテクニックとしての統治性はいたるところに存在する。

フーコーにとって現代社会における権力構造と統治性を理解するときに最も重要となるのは、統治のテクニックと形式および主体形成の方法との相互関係である。これはまさに、フーコーが「主体のテクニック」と呼ぶものに彼が惹かれていった理由である。古典時代以来、西洋は権力メカニズムの非常に深いところでの変化を経験してきた。非常にゆっくりとした速さで、抑圧は権力の主たるテクニックから、権力のさまざまな実現方法の一つへと後退した。つまり、いろいろな社会勢力を補強し、コントロールし、監視し、最大化し、組織化するような権力要素にその中心的な位置を譲ったのである。「行為の指揮」という統治性の政治は、権威、暴力の独占、服従の強要、もしくは命の剥奪といった形よりも、むしろ社会勢力を生産し、成長させ、それらを秩序づけるものなのである(5)。このような統治性（もしくは生権力）は現代に特徴的な権力形式として現在でも見られ、殺戮の恐怖ではなく、生もしくは身体の生産的な服従やライフスタイルのコントロールもしくは監視といった形で存在している(6)。

フーコーは、こうした生権力そして生の統治はさまざまな非政治化された機関、すなわち学校、大学、病院、工場、あるいは刑務所などを通して実現されたと論じた。こうした場所では、人々の活動の最も通常の、そしてありふれた面をコントロールする権力の微視的物理モデルが機能してきたのである。この政府の非常に分子的で生産的な権力の細部にいたる適用は、フーコーによって、西洋における監獄を生み出し犯罪に対する刑罰を一般化した規律的な技術の分析という形で例示されている(7)。こうした規律的・監視的世界についての研究のなかで、フーコーは、さまざまな社会政治的エージェントによって機能する生産的・再生産的な権力統治機関を通して、伝統的な政治言説によって生み出された権力はひそかにしかし確実に進化し、そして権力は絶対的な主権に基づいて行使されるのではなく、社会全体を貫通するような形で行使されることを明らかにした。知識についての機関は統治化された権力の主要なネットワークとして機能し、その社会全体のそしてコミュニティの日々の生活を権力が貫くのを促進する。こうして個人は、新しい規範、価値、支配者の原理もしくは一般化された権力システムや政府によるコントロールを内面化するようになる。さらに、主権国家や国家間システムはこうした権力の生産や統治化の法則をその内側に取り込むようになってきた。このシフトは、ナショナリズムや国際関係に関連した重要なアイデアや実践が日々の生活を支配するのを促進する。こうして、権力のロジックや現代西洋においての知識は、人々のグローバルで自由主義的な形での「善き生」の内面化に関心を寄せるようになる。そのため、どの社会・コミュニティにおけるいかなるメンバーも、グローバルな形で統治化している新しい自由主義的な権力・知のレジームの潜在的なターゲットとなるのである。

統治性についてのフーコーの議論は、部分的にグラムシの覇権の理論と重なる。グラムシにとって、最も支配的な政治的／イデオロギー的レジームは、国内的であるかあるいは国際的であるかにかかわらず、警察あるいは軍のような直接的に抑圧的な力を使ってではなく、文化的な機構の調整機能を通してその力を行使する。ローカルであろうと世界的であろうと権力はすでに強制的ではなくなっている。それは多様な市民社会組織の活動と文化的な活動を通して機能するという意味で説得的なものである。国際関係で最も卓越したネオ・グラムシアンであるスティーブン・ギルは、「覇権の問題は権力、権威、信頼性と統治のシステムの問題だけではなく、同じく美学・文化およびメディアの政治経済を包含している」と論じている(8)。特定のヘゲモニックな規範、価値、知的原理といったものが文化的・象徴的なモードの制度化によって人々のなかに内面化されるのである。

もちろんフーコーも、この統治的権力の制度化および内面化という問題に十分気づいていた。現代的権力の内面化についての議論のなかで次のように述べている。

この権力は、切り離し分析し区別する。それは移動し困惑している無用で多様な身体を「訓練」し、個別の要素――小さな別個の組織、有機的な個体、属性的アイデンティティへと分類する。訓練は個人を「生産」する。それは個人を客体とすると同時に権力作用の道具とする特別なテクニックである。それは勝ち誇った権力ではない……。それは計算されたしかし固定化された経済として機能する慎み深い、しかし怪しい権力である。(9)

この統治性もしくは規律的権力はこのようなものとして、「主権の威厳ある儀式」あるいは「国家の壮大な機関」から区別されることができる。国家の絶対的な存在を表象する権力の代わりに、規律的権力は微妙で、曖昧で、そして偏在的である。さらにその成功は三つの鍵となる側面、すなわち「階層的観察」と「正常化の判断」そしてその二つが重なり合った「主体化」に依存している。(10)

この統治化され規律化された現代的権力の再解釈は、国家の役割や機能を批判的な政治分析が理解する方法に重大な影響を与える。このパースペクティブから見れば、国家（とその政府）は市民をプログラム化し、コード化しそして支配するような冷血な怪獣ではない。むしろ、政府は支配の技術と自己コントロール・自己規律化の技術とが出会う場所として理解できる。政府とは、他者を支配しようとする個々の支配のテクニックが、個々の主体が自分自身を規律化しようとするプロセスによって方向づけられる場所なのである。それは主体の生産の言説的方法を組織的に制度化する場所でもある(11)。

土佐弘之が議論するように、こうして特定の方向に人々の生を導こうとする管理的な権力は、不可避的に設立された規範や法的な秩序の外側を生み出す。そして同時に、維持され再生産されるべき規範のために、法の外の存在や規範から外れた人々がつねに必要とされる。コントロールもしくは強制は統治化・規律化された権力においても完全に排除されたわけではない。むしろコントロールは外側の人々すなわち他者に向けられているのであり、自己規律化という点から彼／彼女らの生は無意味であると位置づけられる(12)。換言すれば、人々を生かす権力は、同時に殺す権力でなければならない。現在においても他者の生は排除可能である。それは、死刑があるからではなく、国際的空間のようないわゆる例外状態があるためである。それは、主権もしくは国家に絶対的な強制力を権利として付与し、外側をコントロールするためには国家の内側においても抑圧的な政策が必要とされることを主張する権利をも自分自身に与える。つまり、生権力・生政治の実行ははっきりとしたものではなく、単に自己規律的な個人に依存しているわけではない。むしろ、生政治は、個々の主体として持つべき権利を持たされない個人の生を奪い取る、集中化され明確で恣意的な権力との共犯関係もまた、ある程度は必要とするのである。この生政治の二重性は現代の国際関係ではっきりと見ることができる。そこでは、テロリストや不法移民そして「ならず者国家」の国民というように一方的に価値がないと烙印を押された人々が、特定の自由民主主義そして生の秩序といった権力構造によって非人間化されているのである。土佐はこのようにグローバルな法や秩序の外側に生きる人々は、法的・規範的な国際関係の「善き生」（それは自由主義秩序の支配に従いそれを再生産する）にとって根源的なものであると述べている[13]。

現代の世界にはグローバルな統治性のスペースを作り出すさまざまな規範や法が存在する。人間の安全保障は、その最初の方向性にもかかわらず、しばしば世界秩序を促進するために配置される。実際、これまで人間の安全保障の乱用を分析する多数の批評が提示されてきた。

前章で詳しく見たように、人間の安全保障報告は、個人の権利（「恐怖からの自由」）を守り、そして「善き生」（「欠如からの自由」）を促進する。これはたしかに素晴らしい試みである。しかしながら、これを実現することは容易な仕事ではない。以下ではこれに関する困難をめぐる若干の批評を紹介したい。

二　人間中心主義のアポリア

人間の安全保障言説が民主主義と経済的福祉を通じた個別のエンパワーメントと人権の重要性を説く一方で、この言説に対する多くの批判もなされてきた。こうした批判は、西洋近代の伝統の上に考えられてきた人間中心主義と、現存する主権国家の国民・市民としての個々の主体との「ギャップ」

に焦点を当ててきた。この、人間は個人として意味がありつつも同時に主権国家の一員としてのみそうであるという考え方は、人間の安全保障言説が人権を重要視しながらもあくまでも伝統的な安全保障概念の枠内でのみ成立しているという非常に曖昧な状態と呼応している。こうした批判的な態度は、ハンナ・アレントの「人間の権利」についての議論を思い出させるであろう[14]。アレントは、人権のような普遍化された抽象的な概念は具体的な文脈に移し替えられたとき、いかに恣意的で歪んだものであるかが明らかになると議論する。彼女はフランス革命のあとの人権宣言が、一方で人間の権利が絶対的なものであると述べながら、同時にフランスの国家主権の設立に重要な役割を果たしたことを指摘する。実際、国家という政治的受け皿の内側でのみこうした個々の権利や自由は可能となる。個人のエンパワーメントは、このように個別・具体的なケースにおいては国家主権概念を前提とした場合にのみ意味を持つのである。

こうして人間の絶対的な権利概念は、人類の素晴らしい偉業であるとともに特定の国家的政策やイデオロギーの結果でもあるのである。このダブルスタンダードは、民族国家が人権という普遍的な法・原理の制約を受けることと、完全に他国の干渉を受けない独立した主権国家であるという二つの原理に立脚していることを意味する[15]。このダブルスタンダードの結果は人権概念の荒廃である。アレントは続ける。

この矛盾の実際的、政治的結果は、これ以降は人権が単に特殊的、国民的権利として認められ保証されるようになったこと、そしてすべての住民に人間としての権利、市民としての権利、国民としての権利を保障することを自らの最高機能とする国家自身が合理的法治国家としての性格を失い、ロマン主義的国家理論によって「国民の魂」の具現としてぼやかされ神格化され得るようになったことである。[16]

この二つの原理の間の矛盾は、神聖なものであると同時に個人のレベルでの政治実践のなかでの「ギャップ」を生み出す。この個人としての人間と国家の国民としての個人との乖離は、第一次大戦後に大きな問題を引き起こした。すなわち、ウッドロー・ウィルソン大統領が提唱した民族自決を前提とした自由主義的世界秩序の恩恵は、実は特定の国家の人々にのみしか行き渡らなかったという問題である。アレントが議論するように、このシステムは失敗に終わった。それというのもこの提案は、ウィルソンの民主主義の夢の実現の代わりに、人口の二五パーセントを占めるマイノリティの問題をまったく無視することによってのみヨーロッパの政治経済秩序が保たれてきたことを明らかにしたからである。[17] そして民族自決権や人権が特定の国家のメンバーである個人にしか与えられなかったという問題だけでなく、さらにその国家の一部の人々のみがその主権の恩恵を享受し、その他のほとんどの人々は裏切られたという感覚とともに取り残されたのである。そして国際的な民主主義システムは個人の権利の普遍化、もしくは人間の安全とエンパワーメントを完全に支配した。また新しく独立した国々や政府の内側で権力を掌握した人々はその国境の内側において（しばしば外側においても）、マイノリティを抑圧する政策を実行した[18]。そして第二次大戦後のシステムにおいても、普遍的な民主主義、人間中心主義、そして普遍化された原理などに対する熱望にもかかわらず、こうした国家の安全についての支配的実践はほとんど変わることはなかった。

このアレントの国家の内側に普遍化された個人の権利概念を適用しようとする試みに対する批判は、カーの自由民主主義に対する痛烈な批判とオーバーラップする。

十九世紀の自由民主主義について、その時代およびその関係諸国の経済的発展段階に特有な諸力の均衡の上にきずかれたものとはみないで、これを他の諸関係において適用されても同様の結果を生みうる一定の演繹的な理性的諸原理にもとづくものであるとするのは、本質的にユートピア的な考え方であった[19]。

カーは、特に十九世紀に展開された西洋自由民主主義の普遍的ユートピアニズムは、非常に逆説的な状態を生み出したと議論する。すなわち、個人の自由と権利を強調する自由民主主義が、西ヨーロッパに致命的な被害をもたらしたと主張する。彼は次のように述べている。

自由民主主義の諸理論が、十九世紀における西欧の国々とは、その発展段階においても実際の要請についても全く異なる時期と国々とに、全く知的な手順で植え替えられたのである。そこに必然的にあらわれた結果は、不毛と幻滅とであった[20]。

アレントにしてもカーにしても、国家を中心とした安全保障概念が人間中心主義や個人のエンパワーメント（そして最近では人間の安全保障）といった普遍化された言説や実践を支配・乱用することに注目する。今日、自由民主主義の地球規模での展開を主張する「テロとの戦争」は、こうした国家的な安全保障論理による普遍的概念の乱用の典型的な例であろう。日本における北朝鮮に対する侮蔑的なメディア報道などもまたこうした例としてあげることができる[21]。この二つの例は、つねに内側は外側よりも安全であるという考え方、安全で独立した主権国家の内側でのみ人間の安全保障は可能であるという考え方を補強し、その結果国家主権の原則を逆に補強するのである。

主権についてのこのポイントは次の理由からかなり重要である。権力を掌握する人々によって秩序だった「内側」が達成されれば、人間中心主義・人間の安全保障は途端に普遍性というレベルから切り離される。そして人間中心主義・人間の安全保障は自由主義と国家主権のロジックに組み入れられる。もちろん普遍化された言説はそれでも利用されるが、国際関係における安全保障と外交政策と関連する場合にのみそうである。こうして国際関係、外交政策における人間中心主義・人間の安全保障の語られ方には矛盾があることが明らかとなる。それぞれの国家は普遍的な人間中心主義・人間の安全保障を促進する一方で、これらの国家は実際は国益を中心とした政策に没頭し、外側と内側を画する境界線の線引きに躍起になっているのである[22]。実際、近年日本の高官は臆面もなく「国益のための

人間の安全保障」という発言をしている。(23)

三　普遍性と具体的な文脈

人間の安全保障言説を通して定式化されるようになる普遍性と具体的な国際関係の間のギャップが重要であるのはそれだけではない。これはフーコーの統治性の概念と規律的権力と直接的に繋がっているのである。もし人間中心主義・人間の安全保障が主権国家によってなされる政策やイデオロギーという文脈においてのみ意味を持つとすれば、人間についての政治的言説は技術的・管理的な問題にすり替えられ、普遍化された人間中心主義・人間の安全保障の言語はステレオタイプ化された形式的な規範論へと変わる。換言すれば、人々は自分たちで自分たちの人間性、すなわち彼／彼女らの生活における人間とは何かという問題を表現する言語・表現方法を失うこととなる。なぜなら、普遍性についての特定の解釈がヘゲモニックな地位を独占するからである。

ここで私たちは、最近出現した人間の安全保障言説の最も難しい問題に出会うこととなる。安全保障という概念そして「安全」で「良い」生活に導くためのアイデアは具体的な文脈を離れ、前もって作られた技術的な意味――それは国家という枠組みのなかという条件があるものの、さまざまな空間・状況に適用可能であるとされる――へと変容する。この抽象的で、一般化されたアプリオリな意味は、背後に存在する国家中心の権力構造を隠す。

実際、日本において人間の安全保障は二つの意味を持った。第一に、それはその普遍化された装いを利用することによって、日本の国際社会におけるプレゼンスを補強することとなった。これは、人間の安全保障概念が、日本政府にとって国連安全保障理事会の常任理事国となるための大きな武器となったことを意味する。事実、日本政府が常任理事国へと立候補するプロセスにおいて、政府高官は幾度となく人間の安全保障概念に言及した。これが、日本の国家的思惑と緊密に関連していたことは、その後の常任理事国入りの断念直後にＯＤＡの額を削減したことからもうかがえる[24]。また、常任理事国入りのプロセスにおいて日本国憲法と人間の安全保障概念が多くの部分でオーバーラップすると政府は主張してきたが、常任理事国入り断念後に憲法改定論議がさらに白熱してきたこともまた偶然ではないであろう。

第二に、普遍化された人間の安全保障言説は、日本の正当性を担保する重要な概念となった。すなわち、東アジアの国際関係、特に六カ国協議において、普遍的な規範の外側に存在する国家を生産するプロセスの重要な概念となったのである。そこでは北朝鮮がこのグローバルな規範システムから逸脱したものとして描かれ、そうした国家と対照的な存在として日本が表象されるのである。事実、日本のメディアが描く北朝鮮像は、普遍的な規範や民主主義が完全に欠如した非合理的で狂った国家として私たちの前に現れる。この非合理性と狂気は、飢餓に苦しむ一般的な人々と対照的に巨額の資金を核ミサイルの製造につぎ込む政府という構図から生み出されるのである[25]。このイメージは日本の政治の合理性・正当性を映し出す鏡の役割を果たす。そしてこの正当性は、日本に統治の主体となることを許すことになるのである。人によっては、この非合理的国家を封じ込めるための再軍備を主張するほどである[26]。

こうした議論は、扇動的なマス・メディアに限られない。アカデミックな世界においても、同様の傾向が見られる。例えばさまざまな国々によって支配・統治されてきたという歴史的な分析から、朝鮮民族の「したたかさ」と政治的な不安定さを強調する論者や[27]、「二十一世紀の文明の世界システム」（それは民主主義や自由主義経済などによって特徴づけられる）から乗り遅れた国家として北朝鮮を位置づける論者[28]、そして主として経済的停滞と飢餓状況をもって北朝鮮を描く論者など[29]、そこでは政治・経済の非近代性が極端に強調される。そして同時に、こうした北朝鮮の社会的停滞は日本の近代性、先進性、合理性、そして民主主義的方向性を浮き彫りにする。そのなかで、例えば政治の安定性、民主主義そして開発といった人間の安全保障の中心的な概念が援用されるのである。

さらにいえば、普遍化された人間性の内側と外側の厳格な線引きは、その中間に閉じ込められる人々を作り出す。アブグレイユやグァンタナモ基地に拘留された人々がその典型的な例であり、そうした人々は権利を奪われ、法の保護を失い、そして性的なハラスメントを受けている[30]。その意味で、こうした人々はアガンベンが「剥き出しの生」と名づけた存在なのであり、そしてこれは例外状態のローカリゼーションと呼ばれる状態として理解することができるであろう[31]。

中間に閉じ込められた生は米軍キャンプの抑留者に制限されない。沖縄に住んでいる人々も同様に解釈される。ここで取り上げた北朝鮮バッシングの嵐のなかでしばしば見逃されてきたのは、米軍沖縄基地の役割である。中国、韓国と日本がおかれる北東アジアの「不安定な」状態のために、沖縄基地の存在が地元の人を犠牲する形で正当化されるのである。そこでは、在日米軍によって多くの被害を受けてきた沖縄の人々が人間の安全保障の対象となることはこれまでほとんどなかった。日本政府が人間の安全保障の対象としてきたのは、あくまでも他国の人々であり、そこに沖縄が存在する余地はないのである。

四　結　語

人間の安全保障は、個人間・コミュニティ間の多様性を守るため、そして国民国家の画一化しようという権力に対抗するという意味を持ってスタートした。これが、人間の安全保障のなかでNGO（非政府組織）やCSO（市民社会組織）が注目された一つの理由である。

しかしながら、その普遍性・人間中心主義への志向にもかかわらず、もしくはまさにそれが理由で人間の安全保障言説はしばしば合理性と非合理性、正気と狂気との境界線を引くこととなった。

ここで主張したいのは、人間の安全保障がまったく役に立たないというような極端な議論ではない。その重要性については十分認識されるべきである。人間の安全保障は間違いなく、個人概念を安全保障という枠組みに持ち込んだという意味で、重要な展開の可能性を持っている。これまでの国家間関係にのみ注目してきた国際関係の風景を大きく変えるものである。私たちがここで注意しなければならないのは、その初期に設定された目標をいかに保ちながらその実行に携わるのかという問題なのかもしれない。

第十章　現代におけるグローバルな善・悪の概念について

――アレント・カント・デリダの正義

近年、グローバル化の進展にともなって地球レベルでの倫理の重要性を主張する議論が多く見られる[1]。これは環境破壊、貧困、経済格差の拡大、文化交流の進展、経済的相互依存の深化、短期的・長期的移民の増大、国家ではない主体による紛争の頻発などによって顕在化してきたことであるが、このことによって同時に、これまで確立されたかに思われた国民国家を中心とした「国際」についての理解の枠組みが大きく揺さぶられるようになった。特にその影響が大きいと思われるのは、国家のみを主要なアクターとして理解してきた国際関係学の分野である。

国際関係学ではかなり以前からすでに国際的な倫理の重要性を説く議論が出てきていた。その多くは、国民国家のみに焦点を当てる既存の現実主義を中心とした国際関係理論に疑問を投げかけ、客観的な科学的方法論に偏重したアプローチから規範や倫理といった概念の重要性を主張している[2]。ただし、この主張はそれまでの国際関係学の問題点を的確に指摘したという点においてはたしかに説得力を持ち、国際関係学の発展に寄与したことは疑うべくもないが、同時にいくつかのさらなる問題点を生み出したことも事実である。その一つに、これらの批判的な議論が国際的な倫理の重要性を主張しながらも、他方で国際的な倫理とは何なのかという疑問にうまく答えられていないという点がある。一九八〇年代に始まった国際関係学における倫理概念の擁護と接木された形になったグローバルな倫理を扱う多くの論考においては、グローバルな配分的正義や人間の安全保障における「保護する責任」に基づく紛争への介入などがアプリオリな形で正義として位置づけられているが、それらがグローバルな倫理として位置づけられることの意味についての議論は意外と展開されていない。換言すれば、人権、配分的正義、人間の安全保障が倫理とされることによって、他の倫理概念の可能性が閉じられてしまう危険性が生み出されるとも考えられるのである。本章の目的は、こうした国際関係学におけるグローバルな倫理について、議論されてこなかった真空領域を確認するとともに、現代における倫理の可能性をさらに拡大することによって、一連の研究の方向性に寄与することである。

この目的を念頭におきながら、ここではこれまでに政治学上に登場したいくつかの善・悪の概念について分析することによって、グローバル化する現代社会における倫理を検証するための試論を展開してみたい。第一に、現代の国際関係学において、これまでどのような過程で倫理の問題が取り上げられるようになったのか、そしてどのような形で展開したのかという点を明確にしたい。第二に、カント的な意味での倫理の問題に焦点を合わせる。カントはその著書『実践理性批判』において、彼独自の倫理学を展開した。そこで彼は法適合性と善という二つの概念を峻別し、法に従うことと善き行ないとの間に明確な線引きを行なった。そのうえで、法適合性と善との間にある齟齬の受け取り方によって善と悪とを定義することになる。第三に、ハンナ・アレントの悪の概念を紹介することによって、現代における悪と思考との関係に焦点を当てる。よく知られているように、アレントにとって悪とは陳腐なものであり、小市民的なものであった。そこにあるのは思考の欠如であり、カント的な意味での理性の不存在であった。そしてこの欠如が、アレントによれば、ホロコーストの悲劇を導いたのである。こうした議論を展開したアレントもまた法適合性と正義との差異に注目した。なぜなら、アレントによれば、小市民的な悪はまさに法の内側に存在することを確信しながらも明らかに正義とは異なる行動をとっていたからである。この法適合性と善との齟齬の問題は、ポスト構造主義者の代表格として理解されているジャック・デリダの正義論にも見ることができる。第四に、このデリダの議論を取り上げ、カント、アレントとの類似性および相違点を検証していきたい。そして、最後に再び現代国際関係に視点を戻し、上記の考察を通してグローバル化する現代における倫理の可能性を考えたい。

一　国際政治学における倫理概念の登場

倫理という言葉は非常に多義的であり、その定義を確定することはほとんど不可能であるといってもよいであろう。一般的には、社会生活にあるルールを「外在化し、人間の行動を外から制約するのが法であり、内面的に自らを律するように説くのが倫理」であるという考え方が通常である(3)。倫理は普段の生活のレベルでは人として守るべき道、すなわち道徳・モラルを意味するといわれる。[4] そしてこの倫理的主体が倫理的に行動するということは善や何らかの正義の実現を目指して行動するということであり、特定の倫理的な規範の実現を目指して具体的に実践することを意味する。[5]

このことは、倫理が極めて強く意志の問題と関連していることを意味している。そして、これが近年まで国際関係学において倫理についての研究が不在であったことの主たる原因であったといえるであろう。伝統的な国際関係学がアメリカ合衆国を中心に展開したというディシプリンの歴史的な問題もあり、そこには客観的・科学的な学問としての極めて強い自己認識があったのである。

国民国家を主なアクターとして世界を理解してきたこの学問において重要だったのは、世界をより善くするために何をすべきかではなく、世界はどうなっているのか、国家はどのような理由から戦争を起こすのかという点であった。そのため国際関係学に倫理という概念が登場したのは、いわゆる「第三の論争（The Third Debate）」と呼ばれる一連の議論のなかに見られるように比較的最近になってからのことである。そのなかで注目されたイギリス・カナダそしてオーストラリアの研究者が主張した批判理論の流れが、はじめて国際関係学主流派の科学に偏重した方法論を厳しく批判したのである。[6]

一九八〇年代の世界は冷戦構造のなかにあり、国際関係学はまだまだ現実主義を中心とした国民国家の枠組みで世界を分析する考え方が主流であった。こうした考え方に異を唱えた初期の理論が国際政治経済学であり、そこでは主権国家のみに焦点を当てる現実主義が経済的な側面をまったく無視していることが批判され、市場や富といった概念もまた国際政治を理解するうえで重要な要素であることが主張された。[7] こうして国民国家のみが国際政治の排他的な主体とされた時代が終わったのである。

その後、国際関係学の論壇にはフェミニズム、ポストモダニズム、国際批判理論そしてのちにポストコロニアリズムなど（これらをまとめて批判理論ということが多い）が登場し、現実主義の科学主義・客観主義批判という形での議論が展開された。その背景には、ＩＴ技術の進展や輸送技術の発展による世界的な市民概念の登場があったことはいうまでもない。大国同士の対立関係におけるメカニズムについての研究と同時に、世界中で目撃された貧困、差別、人権の無視、環境破壊、地域紛争に苦しむ人々に対する何らかの方策が必要と認識され始めたのである。

こうした批判理論には、ポストモダニズム、ポスト構造主義、国際批判理論、ネオ・グラムシアン、ジェンダー論、環境論、ポストコロニアリズムなどが含まれていたが、国際関係学の主流派はこうしたアプローチ群（特にポスト構造主義や国際批判理論）によっていわゆる「第三の論争」のなかで厳しく批判されることになる。すなわち主流派国際政治理論が援用する科学的な方法論は客観的な装いによって中立性を主張しながらも、実は研究者の規範とする世界像（それは紛争的という意味で男性的であり、科学主義という意味で近代的であり、合理主義という意味で欧米的であるとされる）を、意識的か無意識的かは別として、結果的に再生産する政治的なプロジェクトであるとされた。[8]

またこの当時、旧ユーゴスラビアでの内戦などから人道的介入や人権についての議論が注目され、貧困や経済格差の問題から人間の安全保障についての研究が進められていった。さらに、いわゆる一九八九年の東欧革命や一九九九年のシアトルにおけるＷＴＯに反対するプロテストから、グローバル市民社会論についての理論構築が進められることとなった。こうしたグローバルな規模での変革の嵐と、これまたグローバルな市民像という新たな主体の登場によって、グローバルな倫理や規範理論というアプローチが国際関係の表舞台に登場することとなったのである。この一連の国際関係学における流れは、ポストモダニズムや国際批判理論によって既存の理論的な枠組みが大きく揺さぶられた結果として生まれた理論的な空白に、具体的な世界的経験に基づく上記の理論群すなわち国際関係における規範理論が登場したという言い方も可能であろう。

規範理論によって提示された倫理的な議論の必要性は、国際関係学のなかでも大きく取り上げられ、今日では一定の影響力を持ったということができる。規範理論の登場とともに国際関係学の主体像は確実に拡大化・多様化することとなり、今日においては現実主義が排他的な主体として主張してきた国民国家や多国籍企業といったアクターだけでなく、グローバル市民社会論の登場によってフォーカスが当たるようになったグローバルなＮＧＯや市民レベルでのネットワーク、そして現在ではグローバル・ジャスティス運動によって主体として取り上げられた一般の市民までもが、新たに登場したグローバルな主体としてその理論的射程に入ってくることとなった(9)。

しかしながら同時に、現代の国際政治においていったい何をもって「善き行ない」を定義できるのかという倫理的な研究のなかで避けて通ることのできない問題は、これまで国際関係学の専門家たちの関心を十分に集めてきたとはいいがたいし、そうした関心に基づいた一部の倫理的な国際関係学においてもその展開は十分であったとはいえないであろう。そこでは主として、倫理の必要性のみが声高に叫ばれてきただけの感もある。場合によっては、すでに確立している人権や人間開発もしくは人間の安全保障概念（特に「保護する責任」概念）、さらには政治経済に注目した配分的正義を流用することによって倫理の基準とすることもしばしばである。(10)

こうした人権や人間の安全保障の流用によってグローバルな文脈に倫理概念を打ち立てようとすることの一つの問題は、往々にして人権や人間の安全保障に基づく考え方においては悪という概念がアプリオリな形で措定されてしまうことにある。そこでは悪がしばしば他者との関連のなかで語られ、現代に特徴的なテロリズムや非民主的国家の独裁者にまつわる表現のように凶暴で獰猛なものとして理解される。しかし後述するように、こうした形で語られる悪は、私たちと異なる「他者」としての悪のイメージを一方的に生産することによって私たち自身のための免罪符としての役割を果たすとともに、その結果、私たち自身に対する批判的な思考を否定することとなってしまう。つまり、グローバルな正義を打ち立てるには、上記のような凶暴な「悪人」たちを抹殺することが最善の方法であり、グローバルな倫理の達成のためには、テロ撲滅のための戦争を支持することとともに非民主的国家への政治的・経済的な介入（場合によっては軍事介入を含む）を支援しなければならないという答えを導いてしまうことも考えられる。つまり、大きな悪を撲滅するためには、暴力的な介入はやむをえないし、そうすべきであるという答えに容易にたどり着く可能性がある。

この考え方の問題は、そこではこうした「悪人」が私たちによって生産され消費されている可能性を探ることは不可能となってしまうことにある。もしも本当に悪がアプリオリなものであったとすれば、一連の悪に対する世界的な戦いにもかかわらず、なぜ世界はより安全になるよりも不安全な方向へと突き進んでいるように見えるのであろうか。私たちは一部の「狂った」人々によって脅かされているだけなのであろうか。こうした問いにはアプリオリな善・悪を設定した考え方では答えを出すことは難しいであろう。しかし、さらにもう一つのより重要な問題は、こうした考え方では暴力的な介入をしたあとに、「やむをえなかった」という言葉とともにこれらの出来事が私たちの記憶から抹消されてしまうところにある。悪はつねに私たちよりも前の時点に措定されているため、善の遂行はつねに悪の削除という形をとらざるをえない。そしてその後、私たちは紛争を解決したという自負とともに何事もなかったかのように安全な生活に戻るのである。そこでは、倫理という概念の定義の難しさ、実現の困難さをことごとく忘れ去ってしまい、あたかも私たちがグローバルな善／正義を体現しているかのような錯覚さえ覚えてしまう。はたして、この状態は倫理的と呼べるものなのであろうか。それとも、現代のグローバル化する世界のなかでの倫理は、人権や人間の安全保障といった概念以外の形で存在すべきなのであろうか。次節以降では、この問題を主として現代の政治思想の流れのなかから考察することにしたい。

二　カントにおける倫理と悪

カントにおける倫理学の一つのポイントは、法適合性と善／正義との齟齬という点にある。カントにとって、この二つは似て非なるものであり、後者は前者の部分集合として考えられていた。すなわち、善き行ないとは法適合性を満たしながらも、さらに高次の倫理的要求を満たす行ないとして定義されていたのである。逆にいえば、法適合性それ自体は善の十分条件ではなく、善を構成する一つの必要条件として理解されていたのである。

カントの倫理学における悪を理解するためには、彼が非適法的な行為をその分析の枠組みの当初からはずしていたという点に注意を払う必要がある。カントが注目したのは適法性と道徳的な善であり、後者は前者に内包されるという前提があることから、非適法的行為は必然的に善き行ないというカテゴリーに論理的に入りえないと見なされていた[11]。こうしてみると、あたかもカントは人々の行為についての善を包括的に議論したかのような印象を受けるが、カントにとって本当に重要であったのは、道徳的に善き行ないを導く善き意志であった[12]。つまり道徳的に善いとされる行ないはつねに善き意志がその裏になければならないのである。

これを説明するにあたり、カントは義務と行為の問題を議論し、そこでは行為と義務との三つの関係が提示される。すなわち、義務に反した行為（非適法的行為）、義務に従った行為（適法的行為）および義務に発した行為（善き行ない）の三つである[13]。このなかで、第二および第三のカテゴリーはしばしば混同される。なぜならこの二つはしばしば見かけ上同じ行為であるからである。しかしカントはこの二つの間に明確な境界を設定する。そして彼はこの二つの区別を悪についての議論の根源的なところに配置する。なぜなら、カントの『実践理性批判』の重要なテーマは、適法的行為でありながら同時に道徳的に善き行ないといえないような行為をもって自己満足に浸る、「善良な市民」に対する批判にあったからである。[14] つまり、法に適合した行為は必ずしも倫理的に善である必要はなく、そのため法を順守しながらも道徳的な悪を犯す可能性はつねにあることとなる。カントはこうした人々を自己愛に塗れた人々であると見なしていた。なぜなら、法（もしくはそのコミュニティにおける掟）に従うという行為は、しばしば自己保全という欲求に基づいていたり、名誉や称賛を求めることに基礎づけられているからである。そしてカントにとっての悪とは、適法的行為を実現しようとしている人々がそれを強く欲すればするほど、結果的に実現されたものに自己愛の臭気を漂わせるような形になってしまうような状態にあった。つまり、「適法性に向かおうとする人間の意志そのもののうちに、悪の根源が隠されている」のである。[15]

では、カントが考えた倫理的に善い行ないとはどのようなものであったのであろうか。彼にとっての善き行ないとは、上記のような自己愛に基づくものではなく、純粋に義務に発した行為であった。そこでは、その行為の帰結を細々と計算するわけでもなく、自他の幸福の増大のためでもなく、ましてや自己愛に基づく利益の極大化を目指すわけでもない。

しかし、カントのいう倫理的な善き行ないは、簡単に実現できるわけではない。事実、人はしばしばなんらかの決断が必要な具体的な場面に直面し、善とはいえない行為（すなわち自己愛に基づいた行為）を法の範囲内で行なうこととなる。カントが最も問題視したのはこの点である。彼は法に適合した行為を行なうこととそれが善／正義とは適合しないという状態に悩まないことを、悪として理解していた。すなわち、既存の法的な枠組みを満たすことによってそこで行なった決断・行為を正当化し、そこに倫理的な観点から問題視されるべき矛盾やジレンマを忘れ去ってしまうところに悪の存在を見たのである。

カントの議論は、非常に説得力を持つ。法と善／正義との非整合性の問題の思考を止めてしまったかのように見える現代のグローバル社会に対しての一つの重要なアドヴァイスとして理解することも可能であろう。しかし、ここで一つだけ問題になるのは、本当にカントがいうように正義はつねに法適合性のなかにのみ存在するのであろうかという点にある。逆にいえば、法適合性の領域からはみ出た正義は存在しないのであろうかという問題が、どうしてもカントの議論からは生み出されてしまうのである。次節においては、この問題についての考察を深めるために、ハンナ・アレントの政治思想に注目したい。

三　アレントの見た悪

政治思想それ自体が倫理的な問題についての学問であるという言い方も可能であろうが、現代の政治思想において、真正面から善／悪の問題を取り上げた政治思想家は意外にもそれほど多いとはいえない。ジョン・ロールズや最近話題のマイケル・サンデルなどによって展開された正義論がそうした試みの代表格であるが、ハンナ・アレントもまたそうした数少ない政治思想家の一人であるといえる。

彼女はユダヤ系のドイツ人家庭出身の政治思想家であり、彼女自身も第二次大戦中にナチスによって集中キャンプに収容された経験を持つ。彼女の悪についての議論は現代の倫理研究にとって示唆的であり、またカント倫理学を理解するうえでも非常に有益である。そこでここでは、カント倫理学との相違点に注意しながら、アレントの悪についての議論を紹介しよう。

一般に知られているところでいえば、『全体主義の起原』や『人間の条件』などがアレントの代表的な著作としてあげられるが、彼女がカント倫理学の影響下で悪という概念を直接的に取り上げたのは、『イェルサレムのアイヒマン』においてであった。そのなかでアレントは、ホロコーストを引き起こした張本人ともいわれるアドルフ・アイヒマンの裁判を通して、悪というのは一般的に考えられているような凶暴で獰猛なイメージとはかけ離れた、小市民的で生真面目で「陳腐」でさえあるようなものであると主張した[16]。

ではアレントは、悪はどのようにして「陳腐」なものとして世界に現れると考えたのであろうか。アレントによれば、そこにあるのはアイヒマンに代表されるような思考の欠如であり、ある問題に直面したときに「なぜ?」と問いかける実践の不存在であった。このことから、アレントの思想は急展開を見せ、その後の著作はこの「なぜ?」と問う実践の重要性へと向かう。遺作となった『精神の生活』はその集大成となるはずだった著作であり、第一部の「思考」、第二部の「意志」、そして未完に終わった第三部の「判断」という構成となっている。この三部作はカントの『純粋理性批判』、『実践理性批判』、そして『判断力批判』を意識したものであり、アレントがカントの強い影響下にあったことを示している。そしてアレントはここでカント倫理学の一つのテーマでもあった思考の欠如に、本格的にそして哲学的に批判の矛先を向けるのである。

まったく小市民的なアイヒマンを見ながら、アレントは思考の欠如の重大さを実感する。そしてこのことは、彼女を次の問いに導く。すなわち、

思考活動そのもの、結果や内容には関係なく、起きたり注意を引いたりするものを何でも調べようという習慣、こうした活動は、〈悪を行う〉ことを抑制する条件になりうるか、あるいは、実際に悪を為さないようにと人間を「条件付ける」ことがいったい可能なのだろうか……。(17)

そして、この問いは『精神の生活』全体を貫く問題となる。そこで彼女は、一つの経験的な実感をもって次のように述べる。

「やましいところのない心」というのは、一般的にいえば、犯罪者とかそういった本当に悪い人々だけが持てるものであり、他方、ただ「善良な人々」のみが「良心の呵責」を持ちえる……。(18)

この良心の呵責は、まさにカントが主張した適法的行為と善き行ないとの狭間で悩む人間像のなかに埋め込まれていたものであり、カント同様にアレントもまた「悩む」すなわち思考するという行為の

不存在に悪の根源を見たのである。

しかしながら、アレントの倫理についての議論には、カントの倫理学と大きく異なっている点がある。それは法と正義との関係であり、その位置関係ということも可能であろう。カントにとって、正義とは適法性の内側に存在するものであった。正義は法の部分集合であり、法の外側には正義はありえなかった。これに対して、アレントは第二次大戦におけるナチスによるユダヤ人の迫害を通して、法の外側における正義の可能性を認識していた。すなわち、正義は法の部分集合であるだけでなく、場合によっては法の領域からはみ出すものでもあったのだ。事実、アイヒマンが証明したように、少なくとも彼が遭遇した状況においては適法性は不正義といえるものであり、アイヒマンが悪たるゆえんは彼の持ち前の小市民的な生真面目さがその不正義さに気づく可能性を抹消してしまったところにあるのだ。

結局、カントと同じように適法性と善／正義に注目したアレントは、カントの議論を引き継ぎながらも倫理についての私たちの思考に新たな局面を追加することとなった。そして、このアレントが展開した正義と法の関係は、このあとに紹介するデリダへと引き継がれていくこととなる。

四　デリダの正義

カントやアレントにおける法適合性と善き行ないとの間の齟齬の問題は、近年になってジャック・

デリダによって再び取り上げられることとなった。一般的にデリダはフランスを中心に発展したポスト構造主義の流れのなかで理解されており、カントに代表される近代啓蒙思想と正反対の、そしてそれを厳しく批判する議論を展開した思想家として知られている。事実、ポスト構造主義の思想家たち、例えばフーコーやドゥルーズとガタリは、近代的な啓蒙思想が前提としてきた合理的な主体像からの逸脱をテーマとしてきた[19]。デリダも例外ではなく、脱構築や差延といった概念を駆使しながら、近代合理主義の暴力性を暴き出してきたといわれる[20]。

デリダの思想は言語と暴力という概念を柱として展開し、暴力を悪と定義したうえでその正義論は展開される。しかしながら、それと同時にデリタは、カント的な適法性と善との間の齟齬の問題とかなり似通った問題にも大きな関心を寄せていた。カントにおける齟齬の問題は、デリダにおいては脱構築と決定不可能性の理論のなかでの決定の問題として取り上げられている。彼は、脱構築を正義と位置づけ、法／権利の脱構築可能性にその正義の根拠をおく。つまり、デリダにとって法と正義は別ものであり、法／権利というテクストの再解釈の可能性に正義の存在を見たのである[21]。その意味で脱構築とは、何らかのものを打ちのめし破壊することではなく、それを緩和させ開放することである[22]。そしてそこでは、正義と適法性とのズレがアレントよりもさらに大きくなった形で提示されることになる。

デリダにとって現代の暴力とは言語と法によって定義される。すなわち社会的な構造が言語や法という形で構築されていく暴力性が、デリダの注意を引きつけていたのである。しかしながら、この

（再）構築のプロセスはそこからの逸脱・余剰を生み出す。これが決定不可能性の問題である。これはラカンの現実界の議論と重なるものであり、社会的な再構築のプロセスはこの決定不可能なものを生み出さずには成立しないのである。(23) この決定不可能なものは、しかしながら、再び再構築のなかに引きずり込まれていく。そしてその引きずり込まれていくなかで、人は再び言語や法という暴力を行使せざるをえないのである。

例えば、国民国家という言葉およびそれに基づく法が私たちを縛りつけ、「移民」の人々を疎外していくという例を見てみよう。このプロセスにおいて私たちは国民国家の構築・再構築のプロセスのなかで「他者」を生み出していく。「移民」の人々は「私たち」との差異をもって定義され、異質なものとして位置づけられてしまうであろう。そこで、同時に私たちはそうした「他者」の権利つまり移民の人権を守るべきであるとする議論を展開するであろう。ここで重要なことは、そうした「他者」を「移民」という形でひとくくりにしてしまう点である。これはそうした人々の人権を守るという意味からは必要な作業ではあるが、同時にそうした人々を「移民」という形で一元的にまとめ上げてしまうという暴力を行使している。しかしながら、そうした人々にとって「移民」という現象の仕方はあくまでも多々ある可能性のうちの一つでしかない。つまり彼／彼女たちは、ジェンダーや家族環境、職場、思想など、さまざまなチャンネルを通してこの世界に現れる可能性があったのに、人権という言葉とのからみによって無理やりに「移民」というカテゴリーに閉じ込められてしまうのである。

同時に私たちは、こうした「移民」の人々に「私たち」と同様の権利を認めるべきであるという形で、この「他者」に対して暴力的に言葉を適用する。そしてそれによって私たちは「私たち」を再構築していく。もちろんこのプロセスのなかで「他者」は「私たち」の再生産の構造のなかへと引きずり込まれていくことになる。そして「他者」は「私たち」の一員として生まれ変わる義務を持つ。こうして「私たち」は安心を手に入れることとなるであろう。

これは、現実的な政策決定や具体的な決断という場面において必ず起こる問題であり、決定不可能なものの決定という矛盾した行為に人々は否応なく導かれる。つまり、ある人の存在を「移民」という概念のなかに無理やりに押し込めようとする努力が存在する一方で、その努力は必ず失敗するのである。この失敗にもかかわらず、この努力は少なくともその時点では必要とされ、一定の決定へと進んでいく必要があるのである。そして、デリダにとっての悪とは、まさにこの決定不可能なものの決定というプロセスのあとにくる、納得と忘却と安心にあるということができるであろう。

五　グローバルな悪

ではカント、アレント、デリダの倫理についての議論は、現在のグローバル倫理という文脈においてどのような意味を持つのであろうか。アレント、カント、デリダの倫理は私たちにどのような示唆を与えてくれるのであろうか。彼／彼女たちの議論は少なくともグローバルな倫理における一つの重要な問題に気づかせてくれる。すなわち適法性と善とのズレに起因する思考の重要性である。この文脈からいえば、現代における根源的な悪とは国民国家という枠組みによって生み出される紛争、経済的グローバリゼーションや相互依存の深化とともに拡大する経済格差、とどまるところを知らない環境破壊という現象レベルでの悪ではなく、こうした現象としての問題が法適合性の枠組みのなかで「解決」されることによって、そこに存在したはずの決定不可能なものの決定という問題が忘れ去られてしまうところにあるのかもしれない。

しかし、このことをもって現在の現象レベルでの問題に対処するために措定されるグローバルな倫理が無駄であると批判することは、もちろんできない。なぜなら、紛争の解決、経済的格差、環境破壊の阻止といった行動は具体的な決定不可能なものの決定であり、それ自体が「悪」といえるわけではないからである。事実、カントは善と適法性とのギャップそれ自体を批判したのではなく、そのギャップを無批判に受け入れる態度を批判した。アレントも同じく、思考という活動が失われるところに最も強い関心を寄せた。同様に、デリダも決定不可能なものの決定を必要で必然的なものとして理解していたし、彼が問題視したのはその決定不可能なものの決定がさらなる問題へとつながっていることについての無関心であった。その意味からいえば、問題は具体的な「解決」方法がアレントの意味における思考の欠如によって二つの方向に普遍化されることにある。

第一に、それは共時的な意味から、ある場所で成功したと思われる解決方法が他の場所での紛争や経済・社会的な文脈に移植可能であるとすることであり、例えば、ある地域の貧困撲滅運動が他の地域で適用される場合であり、往々にしてそうしたケースにおいては普遍化された解決方法が覇権化することによって、権力的な構造を作り上げることになる。フーコーの統治性が指摘するのはこの点であり、十九世紀以降のヨーロッパで拡大した人口統計や保健医療技術が逆に人々をコントロールし、「善き主体」を生み出す権力構造を生み出したことを歴史的に立証している[24]。

第二に、通時的な意味から、ある地域・場所・空間における成功した解決例が時間を超えて適用可能とされることによって、その場所の変化を無視することとなるところに問題があるといえる。これは、主体を固定化する考え方から生まれるものであり、そこではその解決策を実施する主体とともに、その解決策を適用される主体もまた固定化された形で理解されている。本質主義的な視点で社会を考えるこうした立場は、国際関係学においても構築主義やポスト構造主義の立場から厳しく批判されてきた。つまり、主体はつねに変化するのであり、その意味で社会もまたつねに変化する。そこに本質主義的な立場の政策を実施することは、これまたそれにともなう権力構造を生み出すことを意味し、結果的にその問題の解決を遅らせるだけなく、本来そこにはなかったはずの新たな火種を撒くことを意味する。

こうして、グローバルな倫理を確立するためには、「グローバルな倫理」を確立しないという逆説的な状況が必要となってくる。つまり現象レベルでの倫理とメタレベルでの倫理とを峻別する必要が出てくるのである。このメタレベルの倫理をさらに高次のレベルから批判的に分析する努力も当然に必要とされることは明らかであろう。

さらに、「グローバルな倫理」の普遍化は、グローバルな問題群を希求する。グローバルな問題がなければ、その普遍性が否定されるだけでなく、その存在理由さえも否定されてしまうからである。同様に、国際関係学はつねに国際的な紛争や社会問題を希求する。安全保障や経済格差などの問題がなければ、その存在理由が否定されるからである。グローバルな倫理の「確立」は必然的にこうした問題を生み出す。その意味で、国際関係学におけるいわゆる第三の論争は示唆的であろう。つまり、冷戦中の「悪の帝国ソ連」は、国際関係学の研究者たちによって構築されたものであったのではないかという点についての、世界中の国際関係学研究者を巻き込んだ大論争である。(25)

そして、グローバルな倫理を確立する営みとは、これらの問題をつねに批判的な視点から取り上げていくプロセスにあるのかも知れない。

第十一章　欧米圏の政治経済

これまでの欧米圏における政治経済は、主として欧米で展開されてきた国際関係学の理論的な展開を見ることによってその意味が明らかとなる。同時にこれからの国際関係学の理論的な展開は、非欧米圏における国際関係理論の展開を見ることによって明らかになってくる。すなわち、欧米の国際関係と非欧米圏の国際関係とは非対称の形でありながらも、同時にお互いに深く影響し合っているのである。[1] このことは、近年の国際関係理論の展開を分析することによって明示することができる。本章は、国際関係の理論的な展開と現実の国際関係との対称性を前提としながら、相互の影響および依存関係を指摘することによって、欧米の政治経済の変化を検証するものである。

国際関係学というディシプリンは主としてアメリカおよびイギリスで展開してきた。このことは、この分野における古典と呼ばれる文献のほとんどが英語で書かれてきたことによって証明できる。国際関係学の父と呼ばれるハンス・モーゲンソーはドイツからアメリカへの移民であり、その主著『国際政治』は国際関係学の最も重要なテキストとして理解されている。[2] 同時期に大西洋を挟んでイギリスに登場したのが歴史家であるE・H・カーであり、彼の手による『危機の二十年』もまた国際関係学の古典としていまでも広く読まれている[3]。その後の国際関係学は主としてこの二人の流れを汲む形で英語圏の国々で展開されてきた。これは、第二次大戦後の世界がアメリカを中心とした秩序を前提として築かれたことと無関係ではない。そして、その後の国際関係学の展開のなかには、アメリカを中心とした世界秩序の展開と衰退、安定と動揺とが埋め込まれている。

こうした英語圏の絶対的な優勢は、近年大きく変化してきた。すなわち非西欧型国際関係理論の試みが世界各地で起き始めているのである。このことは、米英を中心とした世界秩序が揺らぎ始めていることと深く関係しているように見える。この現象は二〇〇〇年代に入ってから特に顕著であり、そこで見られる言説は二十世紀初頭に登場した西欧への批判や近代合理主義に対する批判などとの近似性を持っている。このことは、ひるがえって現代の欧米の国際関係をどのような状態として理解することができるのかという点を浮き彫りにする。

上記の点を明らかにするため、本章では次のような形で議論を進めていきたい。第一に、これまでの欧米の政治経済状況と国際関係学とがどのような関係にあるのかを歴史的に検証し、第二に、近年の欧米の国際関係学の展開と世界的な政治経済の状況とを考察する。第三に、二〇〇〇年代になって顕著となった非西欧型の国際関係理論の展開を紹介するとともにその政治的な意味を考える。そして最後にこうした状況と二十世紀初頭との近似性および相違性を指摘することによって、今後の欧米の国際関係の将来像を考えていきたい。

一　欧米の政治経済と国際関係学

欧米の政治経済と英語圏で展開してきた国際関係学とは非常に深い関係があるように見える。国際関係学のスタートといえる上述したモーゲンソーやカーの議論が主として第二次大戦という背景を持ちながら登場してきた理論であることは、その典型的な例である。アメリカで活躍したモーゲンソーにとって最も重要であったことは、世界的な秩序の維持であり、いかにして戦争をなくしていくのかというところにあった。これはイギリスで研究を続けていたカーも同様であり、このことは二人の国際関係学の「父」がともに第二次大戦の戦禍を再び起こさないようにという思いからその議論を展開したことを意味する。しかしながらその方法論は大きく異なり、モーゲンソーは主として科学的なアプローチ、より正確にいえば近代経済学の理論を援用しながらいかにして力の均衡を導くのかというところにその議論の中心があったのに対して、カーは歴史家としての出自を反映しながら、あくまでも歴史にこだわった形でベルサイユ条約から第二次大戦へと続く「危機の二十年」を説明しようとした。つまり、カーにとって重要であったのは、イギリスの覇権が衰退していくなかで、その政治経済的な優位性を維持するために自由主義的な経済体制がとられたこと、同時にイギリスは自国の覇権の衰退を認めようとしなかったこと、つまり十九世紀末に顕著だった利益調和の議論が実は衰退していくイギリスの覇権体制の維持を目的としていながらも、この偽善性が新興の産業国によって見透かされていたことに第二次大戦の原因の一つがあると見ていたのである。[4]

この二人の異なるアプローチはその後、アメリカにおける科学的な行動主義とイギリスにおける歴史主義との対立という形で発展する。科学技術における絶対的な地位を築いたアメリカと、覇権を完全に失い、歴史的な伝統にしかそのよりどころを見つけることのできなかったイギリスとの対立と理解することも可能であろう。そして行動主義に没頭するアメリカの国際関係学は、絶対的な対立の図式をもって戦後に現れた冷戦構造を分析し、他方イギリス（特にイギリス学派のマーチン・ワイト）は主として国際社会の「文化」——それは文明化した人々のみが持つと仮定される——が世界秩序に貢献するであろうという議論を展開した。[5] しかしながら、のちにこのイギリス学派（特にヘドレー・ブルおよびジョン・ヴィンセント）は新興独立国の登場とともに、「文化」の定義を変えていく必要性に迫られる。つまり、文明化した人々が持つという「文化」ではなく、新興独立国が持つそれぞれに異なる「文化」、すなわち文化人類学的な文化概念を採用する必要性が出てきたのである。そして多様な文化的な背景を持つ国々が国際社会に参入してきたとき、どのようにして国際秩序の形成が可能なのかという点にその議論の中心が変化していくのである。[6]

つまり、この時期の国際関係は冷戦を背景とした世界全体を巻き込んだ対立構造と、新興独立国の登場という二つの絡み合った現象を中心として展開されていたといえるであろう。そして、本章の目的からここで重要なことは、このあたりではまだはっきりとしたアメリカの覇権の衰退という現象を国際関係理論のなかに見ることはできないという点にある。つまり、朝鮮戦争やベトナム戦争といった、アメリカの覇権の凋落をもたらした問題は、この段階ではまだはっきりとその重要性が認識されていなかったということができるであろう。

二　現代の欧米と文化論の隆盛

冷戦の終結と国際関係主流派の衰退

おそらくアメリカの覇権の衰退が国際関係の領域に認識され始めたのは一九八〇年代であると考えられる。一九七〇年代の石油ショックおよびハイパーインフレの影響もあり、一九八〇年代の初頭に国際政治経済学という分野が国際関係に登場したのである。国際政治経済学はこれまで安全保障や外交といった問題のみに焦点を絞ってきた国際関係学に経済・市場という新しい研究領域をもたらした。そこではいわゆる覇権安定論（世界秩序の安定には覇権国が重要であり、覇権がある国から他の国へと動くときに秩序が不安定化するという理論）が登場し、国際関係学がアメリカの政治経済的な覇権の衰退を視野に入れ始めたことを証明した。(7) 同時に国際政治経済学においてはグラムシの議論を援用したイタリア学派（その本拠地はカナダにあるが）が登場し、欧米の主流の国際関係に対する批判的な議論が始まっている。(8) このこともまた、アメリカ型国際関係学の絶対的な牙城が崩れだしたことを印象づけた。

逆に、覇権の衰退をどうにかして食い止めようとした試みとして、サミュエル・ハンティントンの

「文明の衝突」論がある。冷戦が共産圏の解体という形で終わりを告げたあと、行き場を失ったアメリカの国際関係学は、文化論にその存在理由を見つけたともいえる。無理やりに非西洋、特にイスラームとの敵対という形を作ることによって、アメリカを中心とした西洋は自由民主主義という御旗を掲げることに成功した。うがった言い方をすれば、アメリカの絶対的な覇権存続のための莫大な軍事費の維持を、ソ連に代わってイスラームと敵対する構図を提供することによって可能にしたのである。逆にいえば、そうした敵対構造がなければ膨大な軍事費を捻出できないほど、アメリカの政治経済の体力は落ちてきていたのである。

しかし一九九〇年代中頃、このハンティントンの文化論も含めた欧米の国際関係学は大きな挑戦を受ける。批判理論およびポストモダニズムからの強烈な攻撃である。そこでは、「敵」は所与の形で存在するのではなく、「敵」を作るという実践によって存在させられるのであるという議論がなされた。つまり、ソ連にしろイスラームにしろ、いずれも「敵」であることが発見されたわけではなく、「敵」として構築されているという議論がなされた(9)。

この流れが特に先鋭化するのは、国際関係のなかへのポストコロニアリズムの登場であろう。いうまでもなく、ポストコロニアリズムはサイードやスピヴァク、バーバといった文学評論のなかで展開された批判的な理論であるが、文明の衝突論を批判するなかで必然的に国際関係学のなかに持ち込まれることとなった(10)。

さらにもう一つ付け加えるとすれば、一九九〇年代の終わりから突如として復活してきたイギリス学派への注目もまた、アメリカの国際関係学の主流派に対する批判として理解することが可能であろう[11]。行動主義にしても、文明の衝突論にしても、いずれも国際関係における主体をぶつかり合うイメージでしか捉えられないアメリカの国際関係学に対して、イギリス学派は国際社会における規範や文化の存在を主張する[12]。国際社会における主体は必ずしもぶつかり合うわけではなく、場合によっては協調体制が築かれることもあるとするイギリス学派の主張がそれなりの説得力を持ち始めたのは、アメリカの覇権が国際社会において絶対的ではなくなってきたことを反映している。

こうしたなかで、ハンティントンに続いてアメリカの国際関係学を救おうとする試みがなされた。構築主義である。構築主義にはさまざまなバラエティーがあり、必ずしもすべてがアメリカの国際関係学の流れをサポートするものではないが、ウェントの『国際関係の社会理論』は、ポストモダニズムや批判理論、ポストコロニアリズムおよびイギリス学派の攻勢に対するアメリカ国際関係学の一つの回答として理解することができる[13]。そこでは、主体の構築はたしかにアプリオリではないし、それまでのアメリカの主流派はこのことを無視してきたという事実もあることは認識されている。しかしながら、主体が構築されているにしろ、その構築された主体の行動は結局アメリカの国際関係学が前提とするような世界を作っていくという議論が展開され、意図的であるかどうかは別としても、ウェントがそれまでのアメリカ型の国際関係学をサポートした形になったことは事実である。

しかしながら、ウェントの議論はアメリカおよび東アジア以外においては、それほど大きな衝撃を与えたわけではなかった。イギリス学派の流れや、ヨーロッパ全体に見られるポスト実証主義・批判理論の拡大を止めることはできなかった。これはおそらく、アメリカの外側におけるジョージ・H・W・ブッシュ政権の圧倒的な不人気とも関係があるであろうし、同時にヨーロッパ経済のバブル的な好況も影響していたであろう。いずれにしろ、この時点では、冷戦期に見られたような圧倒的なアメリカの覇権の強さを唱える論者はほとんどいなくなり、かわりに国際社会における協調や国際組織、そしてこのあとに紹介する国際関係学における文化論など、権力闘争一辺倒だった国際関係理論は明らかに大きな変革期を迎えていた。

三 「西洋の没落」？

二〇〇八年のリーマンショックに始まった現在の世界的な経済の停滞は、明らかにアメリカの覇権の力が低下していることに端を発する。アメリカの覇権については早くから指摘されてきたが、おそらくベトナム戦争前後を契機として、一九七〇年代のインフレ、一九八〇年代の双子の赤字、一九九〇年代に入ってからの極端な国際収支の赤字という形で表面化してきた。リーマンショックは単にその延長線上にあるというだけに過ぎない。その意味で、この経済的な混乱は国際的な政治経済を研究してきた者たちには、突然の衝撃というよりは単に予想されていた事態が実現しただけの話であった。

ただ、一つだけこうした研究者たちを驚かせたのは、ヨーロッパ経済の混乱であった。通貨の力を見てみても、年々低く評価されてきたドルに対して、ユーロは一貫して上り調子であった。実際、多くの研究者たちは、ヨーロッパへの覇権の移動の可能性を真剣に議論していたのである。それにもかかわらず、一ユーロ百七十円前後であったのが、リーマンショック以降百十円から百二十円で推移するようになった。そしてこのことは、現在の世界的な経済的低迷は、単にアメリカの覇権の問題ではなく、西洋を中心とした国際社会の枠組み自体が終焉を迎えつつあることを意味するのかもしれないという新たな理解の可能性も導くのである。

アメリカの覇権に限らず、西洋全体の現代の国際社会における絶対的な優位性が揺らぎ始めたことは、国際関係の理論的展開のなかにも見ることができる。近年、いよいよ盛り上がってきた非西欧型国際関係理論と呼ばれるものである。国際関係学という学問が非常に西洋よりであることは、早くから指摘されてきた(14)。しかし、この数年にわたって見られる現象は単なる西洋に対する批判というレベルを超えて、新しい「学派」を作ろうとするところまで到達しようとしているようにも見える(15)。特にこの動きはアジアにおいて非常に鮮明であり、日本の哲学や政治学の流れをくむ動き、韓国独自の国際関係理論を作り出そうという動き(16)、そして何よりも中国で非常に高まっている中国学派への動きなど、いずれも西洋で展開してきた従来の国際関係とは異なる理論的枠組を試みようとする野心的な展開であるといえる。そして、こうした動きに顕著なのは、ハンティントンの文明の衝突論や近年のジョセフ・ナイによるソフト・パワー論などの文化的な議論が出てきたとはいえ西洋の国際関係が伝統的に合理主義的、客観主義的であるのに対して、特に文化的な側面の重要性を強調しながら国際関係を説明していこうとする姿勢である。

これらの動きがこれからどうなっていくのかという問題は非常に興味深いものではあるが、本章の目的からすれば適当ではないことから、ここではこれ以上の展開は避けたい。しかしいずれにしろ、こうした非西欧型国際関係理論が出てきた背景には、アメリカを中心とした覇権体制の不安定化があることは明らかであろう。そして国際関係理論の変化が、さらに国際的な政治経済の風景を変化させていくことになるであろう。

四　今後の欧米の政治経済と国際関係

欧米の政治経済が明らかに疲弊しているいまの状態で、国際関係はどのように変化していくのであろうか。将来を予測することは非常に難しいが、少なくとも以下の点が重要なポイントとなってくるであろう。すなわち、第一に覇権国アメリカの経済状態はすでに行き詰っていること。国際収支赤字や財政赤字の規模を考えれば、アメリカ国債を多く保有するアジア諸国、とりわけ中国の動向によって覇権体制は大きく左右されるであろう。第二に、世界最大の債務国となったアメリカが世界最大の軍事規模を誇っているという矛盾があること。このことは、アメリカの政治経済的な力がいかに弱まってきているとはいえ、その絶対的な暴力的な力の維持は無視できないことを意味している。そして、それが欧米に限らず世界中の多くの国々に影響を与え続けるであろうことを予感させる。第三に、E・H・カーが指摘したように、十九世紀末イギリスの覇権が衰退するときには自由主義が隆盛を極めており、庶民のレベルでは高度の消費社会になっていたことと、今日のアメリカ覇権の凋落、自由主義の隆盛、消費社会の拡大といった現象の間には非常に似通った要素があることに注意が必要であろう。第四に、西欧の没落という、十九世紀終わりから二十世紀初頭に流行した言説が、今日世界中で見られ、それに対応するように非西欧圏の文化論が盛り上がってきたこと。これら、特に最後の二つの点を考えれば、否応なく二つの大戦前の世界の状態を思い起こさせる。もちろん「歴史は繰り返す」といってしまうのは簡単であるが、それよりも、十九世紀末と現代との近似点および差異点がどこにあるのか、それがこれからの国際関係のなかでどのような意味を持ち、どのように国際関係に影響していくのかという問題もまた興味深いものであろう。

注

◆第一章

（1） 長崎暢子『国境を越えるナショナリズム』岩波書店、二〇〇五年。

（2） グラムシやアルチュセールの議論が代表的であるが、この点に関しては、多くのポストコロニアリズム批評の著作もあげられるであろう。

（3） 例えば、E・H・カー『危機の二十年──理想と現実』原彬久訳、〈岩波文庫〉岩波書店、二〇一一年。

（4） Ernest Gellner, *Nation and Nationalism*, Blackwell, 1983.

（5） 大澤真幸『ナショナリズム論の名著50』平凡社、二〇〇二年、二六一頁。

（6） 清水耕介『テキスト国際政治経済学──多様な視点から「世界」を読む』ミネルヴァ書房、二〇〇三年、第一一章。

（7） Anthony Smith, *National Identity*, Penguin, 1983, p.21.

（8） ベネディクト・アンダーソン『定本 想像の共同体──ナショナリズムの起源と流行』白石隆他訳、書籍工房早山、二〇〇七年、およびエリック・ホブズボウム他編『創られた伝統』前川啓治他訳、紀伊國屋書店、一九九二年。

（9） E・H・カー、前掲書、第三部。

（10） これは近年のいわゆる新ナショナリズム言説において特に顕著であり、その中心的な論者として名前のあがる人々（例えば、石原慎太郎前東京都知事や小林よしのり）のほとんどは非常に深く政治運動にコミットしている。

（11） 酒井哲哉『近代日本の国際秩序論』岩波書店、二〇〇七年。

（12） アドルフ・ヒットラー『わが闘争』室伏高信訳、第一書房、一九四〇年、一五八頁。

（13） 小笠原弘親・小野紀明・藤原保信『政治思想史』〈有斐閣Sシリーズ〉有斐閣、一九八七年、二三四

—二三五頁。

(14) ヨセフ・シュムペーター『資本主義・社会主義・民主主義』中巻、中山伊知郎・東畑精一訳、東洋経済新報社、一九五一年、二六九頁。

(15) ソースティン・ヴェブレン『有閑階級の理論——制度の進化に関する経済学的研究』高哲男訳、〈ちくま学芸文庫〉筑摩書房、一九九八年。

(16) ジョーン・ロビンソン『不完全競争の経済学』加藤泰男訳、文雅堂研究社、二〇〇〇年、およびジョン・メイナード・ケインズ『雇用、利子、お金の一般理論』、山形浩生訳、〈講談社学術文庫〉講談社、二〇一二年。

(17) William Connolly, *Identity/Difference : Democratic Negotiations of the Political Paradox*, Cornell University Press, 1991, p.79.

(18) 川崎修『アレント——公共性の復権』〈現代思想の冒険者たち Select〉講談社、二〇〇五年、四二頁。

(19) Hannah Arendt, *Origins of Totalitarianism*, Harcourt, 1968, p.142 および清水耕介『グローバル権力とホモソーシャリティ——暴力と文化の国際政治経済学』御茶の水書房、二〇〇六年、一九五—一九六頁。

(20) David P. Fidler, "Desperately Clinging to Grotian and Kantian Sheep : Escape from the State of War," in Ian Clark and Iver B. Neumann, eds., *Classical Theories of International Relations*, MacMillan, 1996, p.130.

(21) E・H・カー『ナショナリズムの発展』大窪愿二訳、みすず書房、一九五二年、六六—六七頁。

(22) 同、一七頁。

(23) Arendt, *op. cit.*, p.227.

(24) 廣松渉『〈近代の超克〉論——昭和思想史への一視角』講談社、一九八九年、二五三—二五四頁。

(25) 今村仁司「暴力以前の力　暴力の根源」谷徹他編『暴力と人間存在』筑摩書房、二〇〇八年、七三頁。

(26) 同、七五頁。

(27) Ditæaeev Tamm, *Retsopgøret efter besættelsen*, Jurist-og Økonomforbundets Forlag, 1984, pp.789-794.

(28) Hugo Grotius, *The Rights of War and Peace*, A.C. Campbell, trans., M.Walter Dunne, 1901, p.xiii.

(29) Howard Williams, *International Relations in Political Theory*, Open University Press, 1992, p.84 ; David P. Fidler, *op.cit.*, p.134.

(30) マックス・ヴェーバー『職業としての政治』脇圭

平訳、〈岩波文庫〉岩波書店、一九八〇年、九頁。
（31）ハンナ・アレント『人間の条件』志水速雄訳、〈ちくま学芸文庫〉筑摩書房、一九九四年、第三章。
（32）同。
（33）ジョルジョ・アガンベン『ホモ・サケル――主権権力と剥き出しの生』高桑和己訳、以文社、二〇〇三年。
（34）スラヴォイ・ジジェク『ラカンはこう読め！』鈴木晶訳、紀伊國屋書店、二〇〇八年、一八二頁。

◆第二章

（1）リチャード・バーンスタイン『手すりなき思考――現代思想の倫理‐政治的地平』谷徹・谷優訳、産業図書、一九九七年、第二章。
（2）ヨセフ・シュムペーター『資本主義・社会主義・民主主義』中巻、中山伊知郎・東畑精一訳、東洋経済新報社、一九五一年、三九九―四五二頁。
（3）シャンタル・ムフ「民主政治の現在」『思想』八六七号、一九九六年、六一頁。
（4）千葉眞「デモクラシーと政治の概念――ラディカル・デモクラシーにむけて」『思想』八六七号、一九九六年、六頁。
（5）ムフ、前掲論文、六二頁。
（6）ユルゲン・ハーバーマス『公共性の構造転換――市民社会の一カテゴリーについての探求』細谷貞夫・山田正行訳、未來社、一九九四年。
（7）ジョン・エーレンベルグ『市民社会論――政治的・批判的考察』吉田傑俊監訳、青木書店、一九九九年、三〇二頁。
（8）ムフ、前掲論文、六一頁。
（9）Susan Strange, *Casino Capitalism*, Blackwell, 1986.（スーザン・ストレンジ『カジノ資本主義』小林襄治訳、〈岩波現代文庫〉岩波書店、二〇〇七年）
（10）Stephen Gill, *Power and Resistance in the New World Order*, Palgrave, 2003.
（11）Antonio Negri and Michael Hardt, *Empire*, Harvard University Press, 2000.
（12）ディヴィット・トレンド編『ラディカル・デモクラシー』佐藤正志他訳、三嶺書房、一九九八年。
（13）千葉、前掲論文、一〇頁。
（14）シャンタル・ムフ『政治的なるものの再興』千葉眞他訳、日本経済評論社、一九九八年、二二頁。

(15) ムフ、前掲論文、六一頁。

(16) 千葉、前掲論文、九頁。

(17) 例えば、Michael W. Doyle, “Kant, Liberal Legacies, and Foreign Affairs,” *Philosophy and Public Affairs*, Vol.12, 1983 ; Thomas Risse-Kappen, “Democratic Peace : War-like Democracies? A Social Constructivist Interpretation of the Liberal Argument,” *European Journal of International Relations*, Vol.1, No.4, 1995.

(18) Tim Dune, “Liberalism,” in John Baylis and Steve Smith, eds., *The Globalization of World Politics : An Introduction to International Relations*, third edition, Oxford University Press, p.190.

(19) カール・シュミット『現代議会主義の精神史的地位』みすず書房、一九七二年、一四頁、および齋藤純一「民主主義と複数性」『思想』八六七号、七九頁。

(20) E・H・カー『ナショナリズムの発展』大窪愿二訳、みすず書房、一九五二年。

(21) 齋藤、前掲論文、八〇頁。

(22) William Connolly, *Identity/Difference : Democratic Negotiations of the Political Paradox*, Cornell University Press, 1991, p.79.

(23) 齋藤、前掲論文、八〇頁。

(24) 千葉、前掲論文、九頁。

(25) 同。

(26) William F. Fisher, “Doing Good? : The Politics and Antipolitics of NGO Practices,” *Annual Review of Anthropology*, Vol.26; Raymond Bryant, “Non-governmental Organizations and Governmentality : ‘Consuming’ Biodiversity and Indigenous People in the Philippines,” *Political Studies*, Vol.50, 2002.

(27) キャサリン・ベルシー『文化と現実界――新たな文化理論のために』高桑陽子訳、青土社、二〇〇六年、一八頁。

(28) Hent de Vries and Samuel Weber, eds., *Violence, Identity, and Self-Determination*, Stanford University Press, 1997, pp.1-2.

(29) Hannah Arendt, *The Origins of Totalitarianism*, Harcourt, 1973, p.272.

◆第三章

(1) この点に関して千葉眞は次のように述べている。

「政治の中心に言論による人々の相互主体性と人間の「複数性」に基づく人々の対話的生活とを見るアーレントの立場から言えば、言論をもたず、対話を許さない暴力は基本的に反政治的であると考えられるのは当然である。暴力とは、都市国家の城壁の外側で、つまり政治的領域の外側で見られる現象であり、暴力現象は、思想と理性的なコミュニケーションとが終わるところで初めて現れる類のものである」。千葉真「アーレントの権力論と非暴力抵抗」『社會科學討究』三三号、一九八八年、九三七頁。

（2）今村仁司「暴力以前の力　暴力の根源」谷徹他編『暴力と人間存在』筑摩書房、二〇〇八年、七〇—七二頁。

（3）同、七三頁。

（4）ウォルター・ベンヤミン『暴力批判論——ベンヤミンの仕事1』野村修編訳、〈岩波文庫〉岩波書店、一九九四年。

（5）この状態は極端な例であり、革命の意志がない状態を意味している。逆にいえば、革命以前でも革命の意志が認識されるところでは、支配者・被支配者の分割線はすでに引かれていることになるであろう。

（6）Timothy Garton Ash, "Refolution : The Springtime of the Nations," *New York Review of Books*, July 15, 1989.

（7）長崎暢子『インド——国境を越えるナショナリズム』岩波書店、二〇〇四年、一〇頁。

（8）同、一〇二頁。

（9）ハンナ・アーレント『イェルサレムのアイヒマン——悪の陳腐さについての報告』大久保和郎訳、みすず書房、一九九四年、一三三—一三四頁。

（10）詳しくは Harold Flender, *Rescue in Denmark*, MacFadden-Barrell, 1963, Chapter IV ; Emmy E. Werner, *A Conspiracy of Decency : The Rescue of the Danish Jews During World War II*, Westview, 2002, Chapter II.

（11）*Ibid.*, pp.40-45.

（12）ユダヤ人救出劇にまつわるデンマーク市民の文化的特性についての優れた説明は、八木あき子『5千万人のヒットラーがいた！』文藝春秋社、一九八三年、二五一—二六〇頁を参照。

（13）Flender, *op.cit.*, p.23-25.

（14）Mary Caldor, "The Ideas of 1989," in Richard Falk *et al.*, eds., *Reframing the International - Law, Culture, Politics*, Routledge, 2002, p.71.

(15) Timothy Garton Ash, "The Year of Truth," in Vladimir Tismaneanu, ed., *The Revolutions of 1989 : Re-writing Histories*, Routledge, 1999, p.115.

(16) *Ibid.*, pp.112-113.

(17) ハンナ・アーレント『暴力について』山田正行訳、みすず書房、二〇〇〇年、一四二―一四三頁。

(18) 同。

(19) Emmy E. Werner, *op.cit.*, pp.29-31.

(20) Otto F. Kernberg, "A Psychological Perspective," in Leo Goldberger, ed., *The Rescue of Danish Jews : Moral Courage Under Stress*, New York University Press, 1987, p.184.

(21) ヴォルフガング・ニクスドルフ「日毎の協力の途上での失意――国家と教会の出会いの節目」Ｊ・ヒリデブラント／Ｇ・トーマス編『非暴力革命への道――東ドイツ・キリスト者の証言』渡辺満訳、教文館、一九九二年、七三―八七頁。

(22) 同。ここでは主として東ドイツ国家評議会議長エーリッヒ・ホーネッカーの例が報告されている。

(23) さらに真理／真実概念と関連してここで述べなければならないのは、これらの非暴力運動のなかで重要な役割を果した宗教の問題であろう。ここでは紙幅の都合から詳しくは議論できないが、ガンディーの真理に関するジャイナ教、デンマークにおけるユダヤ教会の活躍とそれをサポートしたキリスト教会の役割、さらに東欧の革命においてもキリスト教会が大きな役割を果たしたこと（実際、東欧の革命の一つの要因は一九七九年六月のローマ法王のポーランド訪問にあるとする議論もある。Garton Ash, *op.cit.*, p.110）などを考えれば、これらの事例における宗教と真理／真実との関係が重要であることは明らかである。さらに、本章では取り上げられなかったが、フィリピンにおける一九八六年のエドゥサ革命でも教会は大きな役割を果したといわれ、また東チモールの独立においてもキリスト教会が中心となって非暴力運動が展開されたといわれている。

(24) 京都学派の海軍との協力関係については、大橋良介『京都学派と日本海軍――新資料「大島メモ」をめぐって』ＰＨＰ研究所、二〇〇一年、に詳しい。

(25) Garton Ash, *op.cit.*, p.116.

◆第四章

（1）『毎日新聞』二〇〇九年一月十日付。
（2）スラヴォイ・ジジェク『人権と国家――世界の本質をめぐる考察』岡崎玲子訳、〈集英社新書〉集英社、二〇〇六年、四五頁。
（3）同、四五―四六頁。
（4）もちろんその一方で、ガザにおけるパレスチナ人の殲滅という目的があったことを否定するものではない。
（5）このことは、アメリカが将来もイスラエルを支援するという一定の合意がなされた途端に紛争が停戦へと向かい始めたことに端的に表されている。そこではハマスやその他のアラブ諸国との合意ではなく、アメリカとの合意しかなされていないにもかかわらず、イスラエル軍は一気に撤退へと動き出したのである。つまり、アメリカとの合意が成立した時点でイスラエルの目的すなわちその国際社会における可視性は十分に担保されたといえる。
（6）例えば、ヴァルター・ベンヤミン『暴力批判論他十篇――ベンヤミンの仕事I』野村修編訳、〈岩波文庫〉岩波書店、一九九四年を見よ。
（7）千葉眞「アーレントの権力論と非暴力抵抗」『社會科學討究』三三号、一九八八年、九三七頁。
（8）ハンナ・アーレント『暴力について』山田正行訳、みすず書房、二〇〇〇年、一四二―一四三頁。
（9）同、一〇三頁。
（10）サミュエル・ハンティントン『文明の衝突』鈴木主税訳、集英社、一九九八年。
（11）マハトマ・ガンジー『ガンジー自伝』蝋山芳郎訳、中央公論新社、一九八三年。
（12）Nelson Mandela, *Long Walk to Freedom*, Back Bay, 1994.
（13）Thomas Brudholm, "A Light in the Darkness?: Philosophical Reflections on Historian's Assessment of the Rescue of the Jews in Denmark in 1943" in R. M. Schott and K. Klercke eds, *Philosophy of the Border*, Museum Tusculanum, 2007.
（14）アーレント、前掲書、一〇三―一〇四頁。
（15）ジジェク、前掲書、四四頁。
（16）James Dunn, *East Timor: a rough passage to independence*, Longueville, 2003.
（17）ガンジー、前掲書、二二五―二二六頁。

(18) 清水耕介『テキスト国際政治経済学——多様な視点から「世界」を読む』ミネルヴァ書房、二〇〇三年、第二章。

(19) Peter Wallensteen, *Understanding Conflict Resolution : War, Peace and the Global System*, Sage, 2002, p.45.

(20) I. William Zartman, *Ripe for Resolution : Conflict and Intervention in Africa*, Oxford University Press, 1985, p.29

(21) ヨハン・ガルトゥング/藤田明史『ガルトゥング平和学入門』法律文化社、二〇〇三年、一八—二三頁。

(22) Edward Azar and John Burton, *International Conflict Resolution*, Longman, 1985, p.29.

(23) Wallenstein, *op.cit.*, p.39.

(24) Chris Brown, *Understanding International Relations*, third edition, Palgrave, 2005, p.32.

(25) Earnest Gellner, *Nation and Nationalism*, Blackwell, 1983.

(26) ベネディクト・アンダーソン『定本 想像の共同体——ナショナリズムの起源と流行』書籍工房早山、二〇〇七年。

(27) E.H. Carr, *The Twenty Years Crisis 1919-1939 : An Introduction to International Relations*, second edition, Macmillan, 1946, p.134.

(28) 寺田元一「国際文化学に向けて」島根國士・寺田元一編『国際文化学への招待』新評論、一九九九年、二五頁。

(29) 平野健一郎『国際文化論』東京大学出版会、二〇〇〇年、五三頁。

(30) ハンティントン、前掲書。

(31) マックス・ヴェーバー『職業としての政治』脇圭平訳、〈岩波文庫〉岩波書店、九頁。

(32) Gyanendra Pandey, *Remembering Partition*, Cambridge University Press, 2001.

(33) Ditæev Tamm, *Retsopgøret efter besættelsen*, Jurist- og Økonomforbundets Forlag, 1984, pp.789-794.

(34) 長崎暢子『インド——国境を越えるナショナリズム』、岩波書店、二〇〇四年、一五二—一六〇頁。

(35) ミハイル・ゴルバチョフ『ゴルバチョフ回想録』上巻、工藤精一郎・鈴木康雄訳、新潮社、一九九六年、一五四—一五五頁。

(36) Leo Goldberger, ed, *The Rescue of the Danish Jews :*

Moral Courage under Stress, New York University Press, 1987.

（37） Heidi H. Hobbs, *City Hall Goes Abroad : The Foreign Policy of Local Politics*, Sage, 1994.

（38） イマニュエル・カント『永遠平和のために／啓蒙とは何か』中山元訳、〈光文社古典新訳文庫〉光文社、二〇〇六年、二〇九―二一〇頁。

◆第五章

（1） Eric Helleiner, "From Bretton Woods to Global Finance : A World Turned Upside down," in Richard Stubbs and Geoffrey R.D. Underhill, eds., *Political Economy and Changing Global Order*, Macmillan, 1994, p.164.

（2） Charles Kegley Jr. and Eugene Wittkoph, *World Politics : Trend and Transformation*, sixth edition, St. Martin's, 1997, p.221.

（3） 野林健・大芝亮他編『国際政治経済学入門』〈有斐閣アルマ〉有斐閣、一九九六年、一〇六頁。

（4） Immanuel Wallerstein, *The Modern World-System : Capitalist Agriculture and the Origins of European World-Economy in the Sixteen Century*, Academic Press, 1974.

（5） Robert Gilpin, *War and Change in World Politics*, Cambridge University Press, 1981, pp.156-157.

（6） アラン・ブラインダー『ハードヘッド・ソフトハート』佐和隆光訳、ＴＢＳブリタニカ、一九八八年、一五七―一五八頁。

（7） 同、一八二―一八三頁。

（8） これは以下のような簡単なマクロ経済学理論で証明できる（ここでＣ：消費、Ｓ：貯蓄、Ｔ：租税収入、Ｉ：投資、Ｇ：政府支出、ＥＸ：輸出、ＩＭ：輸入を示す）。

$$Y \equiv C + S - T \quad \text{（分配面におけるGDPの定義式）……①}$$

$$\equiv C + I + G + EX - IM \quad \text{（支出面におけるGDPの定義式）……②}$$

これを整理して

$$S - I \equiv (G - T) + (EX - IM) \quad \text{……③}$$

ここで、$S - I = 0$であると仮定すると、

$$(G - T) = -(EX - IM) \quad \text{……④}$$

$G - T$は政府支出から租税収入を引いた額、すなわち財政赤字の規模を示し、$EX - IM$は輸出から輸入を引いた額、すなわち貿易黒字を意味する。つま

り④式は財政赤字が貿易赤字（マイナスの貿易黒字）と等しくなることを示している。

（9）大蔵財務協会編『財政データブック——財政の現状と展望』大蔵財務協会、二〇〇二年、三〇四頁。

（10）“Can the IMF avert a global meltdown?” *The Japan Times*, 2006/9/7.

（11）*Ibid.*

（12）一九九四年のレートについては総務省統計局編『世界の統計』財務省印刷局、二〇〇一年、二四六頁より。現在のレートについては asahi.com 為替レート http://www.asahi.com/business/exchange.html（二〇一二年十二月二十五日アクセス）。

（13）スラヴォイ・ジジェク『イラク——ユートピアへの葬送』松本潤一郎他訳、河出書房新社、二〇〇四年、五三頁、傍点は原文。

（14）David Held *et al.*, *Global Transformation : Politics, Economics, and Culture*, Stanford University, 1999, p.356.

（15）清水耕介「アイデンティティーと国際政治経済Ⅱ文化産業」『テキスト国際政治経済学——多様な視点から「世界」を読む』ミネルヴァ書房、二〇〇三年、第十四章。

（16）Fred Bleakey, *Trade and the Poor : the Impact of International Trade on Developing Countries*, second edition, Intermediate Technology Publications, 1996, pp.71-72.

（17）しかし、NATO（北大西洋条約機構）やワルシャワ条約機構のように特定の地域の安全保障体制を意味する場合もある。西原正「国際安全保障体制論」防衛大学校安全保障学研究会編『安全保障学入門』亜紀書房、二〇〇三年、五七—五八頁。

（18）スティーヴン・ギル『地球政治の再構築——日米欧関係と世界秩序』遠藤誠治訳、〈朝日選書〉朝日新聞社、一九九六年、五—八章。

（19）Antonio Negri and Michael Hardt, *Empire*, Harvard University, 2001.

（20）Steven Gill, *Power and Resistance in the New World Order*, 2003, Basingstoke.

（21）例えば、シャンタル・ムフ『民主主義の逆説』葛西弘隆訳、以文社、二〇〇六年。

（22）Jim George, *Discourse of Global Politics : A Critical (Re)introduction to International Relations*, Lynne Rienner, 1994.

（23）David Campbell, “Foreign Policy and Identity : Japanese 'other'/American 'self,'" in Stephen J. Rosow, Naeem Inayatullah and Mark Rupert, eds., *The Global Economy as Political Space*, Lynne Rienner, 1994.

（24）サミュエル・ハンティントン『文明の衝突』鈴木主悦訳、集映社、一九九八年。

（25）Samuel P. Hantington, "Clash of Civilizations?" *Foreign Affairs*, Summer, 1993.

（26）例えば、一九九二年：天理大学、一九九三年：神戸大学、一九九四年：九州産業大学、山口女子大学（現県立山口大学）、一九九五年：横浜市大、県立広島女子大学、一九九六年：龍谷大学、そして一九九九年：法政大学などがあげられるであろう（すべて各大学のＨＰより）。

（27）ハンティントン、前掲書、二六頁。

（28）エドワード・サイード『戦争とプロパガンダ』中野真紀子・早尾貴紀訳、みすず書房、二〇〇二年。

◆第六章

（1）サミュエル・ハンティントン『文明の衝突』鈴木主税訳、集英社、一九九八年。

（2）R.B.J. Walker, *One World Many Worlds : Struggles for a Just Peace*, Lynne Reinner, 1988.

（3）Shaun Best, *Introduction to Politics and Society*, Sage, 2000, p.147.

（4）Walker, *op.cit.*, p.19.

（5）Leon Gordenker and Thomas G Weiss, "Pluralizing Global Governance : Analytical Approaches and Dimensions," in Thomas G. Weiss and Leon Gordenker, eds., *NGO, the UN, and Global Governance*, Lynne Reinner, 1996, p.38.

（6）John Keane, *Global Civil Society?*, Cambridge University Press, 2003, pp.8-9.

（7）Mary Kaldor, *Global Civil Society*, Polity, 2003, p.45.

（8）Jean Cohen and Andrew Arato, *Civil Society and Political Theory*, MIT Press, 1992, p.ix.

（9）Ernest Gellner, *The Conditions of Liberty : Civil Society and Its Rivals*, Penguin, 1994, p.5.

（10）Hilary Wainwright, "Civil Society, Democracy and Power : Global Connections," in Mary Kaldor, Helmut Anheier and Marlies Glasius eds., *Global Civil Society 2004/5*, Sage, 2005, p.96.

（11）*Ibid.*

（12） Kaldor, *op.cit.*：清水耕介「グローバリゼーションとグローバル市民社会論——一九六八年パリ、一九八九年東欧、一九九九年シアトル」丸山仁・畑山敏夫編『現代政治のパースペクティブ——欧州の経験に学ぶ』法律文化社、二〇〇四年。

（13） Wainwright, *op.cit.*, p.97.

（14） Robert Cox, *The Political Economy of a Plural World : Critical Reflections on Power, Morals and Civilization*, Routledge, 2002, p.81.

（15） Yahia Said and Meghnad Desai, “Trade and Global Civil Society : The Anti-capitalist Movement Revised,” in Mary Kaldor *et al.*, eds., *Global Civil Society 2003*, Oxford University Press, 2003, p.80.

（16） ロバート・コーエン／ポール・ケネディー『グローバルソシオロジー——格差と亀裂』山之内靖他訳、平凡社、二〇〇三年、一四七—一四八頁。

（17） Ralph Pettman, *Understanding International Political Economy : With Readings for the Fatigued*, Lynne Reinner, 1996.

（18） 横田匡紀「グローバル・ガバナンスの構図——環境ガバナンス・NGOを事例として」賀来健輔・丸山仁編『ニューポリティクスの政治学』ミネルヴァ書房、二〇〇〇年。

（19） Kenneth Anderson and David Rieff, “Global Civil Society : A Skeptical View,” in Mary Kaldor, Helmut Anheier and Marlies Glasius, eds., *Global Civil Society 2004/5*, Sage, 2005, p.27.

（20） Purna Sen, “Success and Challenges : Understanding the Global Movement to End Violence Against Women,” in Mary Kaldor *et al.*, eds., *Global Civil Society 2003*, Oxford University Press, 2003.

（21） Christian Reus-Smit, “International Law,” in John Baylis and Steve Smith, eds., *The Globalization of World Politics : An Introduction to International Relations*, third edition, Oxford University Press, 2005, p.358.

（22） Johnathan Aronson, “The Communication and Internet Revolution,” in John Baylis and Steve Smith, eds., *The Globalization of World Politics : An Introduction to International Relations*, second edition, Oxford University Press, 2001, p.550.

（23） 阿久津博康「安全保障と国際関係——国際安全保障学」石井貫太郎編『国際関係論へのアプローチ

——理論と実証』ミネルヴァ書房、一九九九年、一七四頁。

（24） Robert W. Cox, *Approaches to World Order*, Cambridge University Press, 1996, pp.88-89

（25） Mohamed El-Sayed Said, "Global Civil Society : An Arab Perspective," in Mary Kaldor, Helmut Anheier and Marlies Glasius eds., *Global Civil Society 2004/5*, Sage, 2005, pp.64-65.

◆第七章

（1） Hannah Arendt, *The Origins Of Totalitarianism*, Harcourt, 1968, p.155.

（2） E・H・カー『ナショナリズムの発展』大窪愿二訳、みすず書房、二〇〇六年。

（3） 信田さよ子『愛情という名の支配——家族を縛る共依存』海竜社、一九九八年、および信田さよ子『愛しすぎる家族が壊れる時』岩波書店、二〇〇三年、七六—七七頁。

（4） ここでは頻繁にサミュエル・ハンティントンの「文明の衝突論」が援用される。サミュエル・ハンティントン『文明の衝突』鈴木主税訳、集英社、一九九八年。また、圧倒的な抑圧的支配体制から民主的な国家に移行したあとに噴出するこの暴力性は、興味深いことに非暴力的な運動によって独立を果たした国々でもしばしば見られる。例えば、東チモールにおいてDVおよび女性に対する暴力および党派間の暴力が蔓延しているという報告、インドに起こったヒンドゥー教徒によるイスラーム教徒に対する大虐殺についての報告（そこでは前日までの隣人が突然殺人鬼と化した）などは、その典型的な例であるといえるであろう。『季刊東チモール』二号、二〇〇一年 http://www.asahi-net.or.jp/~ak4a-mtn/news/quarterly/number2/dv2.html（二〇一二年八月二十九日アクセス）、『毎日新聞』二〇〇七年三月六日付、Gyanendra Pandey, *Routine Violence : Nations, Fragments, Histories*, Stanford University Press, 2005.

（5） カール・シュミット『大地のノモス——ヨーロッパ公法という国際法における』新田邦夫訳、慈学社出版、二〇〇七年。

（6） Max Stirner, *The Ego and Its Own*, David Leopold ed., Cambridge University Press, 1995, p.96.

（7） William Connolly, *Identity/Difference : Democratic Ne-

gotiations of Political Paradox, University of Minnesota Press, 1991, pp.79-80.

（8）*Ibid.*, p.80.

（9）レノア・E・ウォーカー『バタードウーマン――虐待される妻たち』斎藤学他訳、金剛出版、一九九七年。

（10）ドナルド・G・ダットン『なぜ夫は、愛する妻を殴るのか――バタラーの心理学』中村正訳、作品社、二〇〇一年、六八頁。

（11）同、七一頁。

（12）同、七八頁。

（13）同、七八―八〇頁。

（14）アンソニー・ギデンズ『親密性の変容――近代社会におけるセクシュアリティ、愛情、エロティシズム』松尾精文・松川昭子訳、而立書房、一九九五年、一三五頁。

（15）信田さよ子『アダルト・チルドレン　実践編』三五館、二〇〇一年、八八頁。

（16）ダットン、前掲書、七八―八〇頁。

（17）同、八〇頁。

（18）信田、前掲書、八八頁。

（19）ギデンズ、前掲書、一三九頁。

（20）Cynthia Weber, *Faking It: U.S. Hegemony in a "Post-Phallic" Era*, Minnesota University Press, 1999.

（21）ただし、アメリカという言葉はあまりに多義的でさまざまな解釈がありえるという点から、誤解を招きやすいことはここに記しておくべきであろう。一般的には、アメリカという言葉はアメリカの国家、政府、政治経済システムなどを指し示すと考えられる。しかしながらここで取り上げるアメリカとは、グローバライズされた新たなホモソーシャリティ（男性同士の連帯）を特徴とするアメリカ（そこではアメリカのエリートとアメリカに憧れてきた他国のエリートとの共存が見られる）を意味している。その意味で、多くのアメリカ人はアメリカという国民国家には所属しているが、「アメリカ」とはまったく関係のない状態であるということも可能である。この文脈でのアメリカは、ネグリとハートの〈帝国〉や、スティーヴン・ギルの「規律的新自由主義へゲモニー」という概念と大きく重なるであろう。そこではっきりとした中心を持たないへゲモニックな統治体制が国境を越える形で世界全体を包み込み、明らかにアメリカ一国主義による帝国主義とは異なった統治体制が描かれている。この体制は特に米・欧・日の三極体制をその基盤として持ち、それぞれの政府のみならずいわゆる三極委員会のような非政府組織をもその重要な支柱として包含している。Antonio Negri and Michael Hardt, *Empire*, Harvard University Press, 2001 ; Steven Gill, *Power and Resistance in the New World Order*, Palgrave, 2003 : スティーヴン・ギル『地球政治の再構築——日米欧関係と世界秩序』遠藤誠治訳、朝日新聞社、一九九六年、五—八章。

(22) Eric Helleiner, "From Bretton Woods to Global Finance : A World Turned Upside Down," in Richard Stubbs and Geoffrey R.D. Underhill, eds., *Political Economy and Changing Global Order*, Macmillan, 1994, p.164.

(23) 百瀬宏『国際関係学』東京大学出版会、一九九三年、五五頁。

(24) 清水耕介『テキスト国際政治経済学——多様な視点から「世界」を読む』ミネルヴァ書房、二〇〇三年、一五〇頁。

(25) ダニエル・ベル／レスター・サロー『財政赤字——レーガノミックスの失敗』中谷巖訳、TBSブリタニカ、一九八七年、七七頁。

(26) しかし、プリンストン大学教授で気鋭のケインジアンのアラン・ブラインダーは、これはサプライサイド経済政策の失敗の結果であるという。サプライサイダーが約束した生産性の奇跡的躍進が実現しなかったからこそ、これだけの雇用が伸びたと彼は主張するのである。詳しくはアラン・S・ブラインダー『ハードヘッド・ソフトハート』佐和隆光訳、TBSブリタニカ、一九八八年、一八二—一八三頁を参照。

(27) 『毎日新聞』二〇〇七年一月三十日付。

(28) 『日刊リベタ』二〇〇六年六月十六日付 http : // www.nikkanberita.com / read. cgi ? id = 200606161400225（二〇一一年八月一四日アクセス）

(29) Dian Ravitch, "Now Is the Time to Teach Democracy," Hoover Institution, http : //www.hoover.org/publications/hoover-digest/article/6366（二〇一一年十二月二十五日アクセス）

(30) ただし、ウォルツァーはイラク戦争については反対の立場を表明している。

（31）　Michael Walzer, "Can There Be a Decent Left?," *Dissent*, Spring, 2002, http://www2.kenyon.edu/Depts/Religion/Fac/Adler/Politics/Waltzer.htm（二〇一一年八月十四日アクセス）
（32）　Michael Walzer, *Arguing About War*, Yale University Press, 2004.
（33）　Michael Walzer, "Can There Be a Decent Left?," *Ibid*.
（34）　カール・シュミット『政治神学』田中浩他訳、未來社、二〇〇〇年。
（35）　中西寛『国際政治とは何か――地球社会における人間と秩序』中央公論社、二〇〇三年。

◆第八章

（1）　UNDP, *Human Development Report*, Oxford University Press, 1994, p.22.
（2）　*Ibid*., p.22.
（3）　*Ibid*., pp.22-23.
（4）　*Ibid*., p.23.
（5）　*Ibid*., pp.24-33.
（6）　*Ibid*., p.34.
（7）　*Ibid*., p.26.
（8）　*Ibid*., p.27.
（9）　*Ibid*., p.28.
（10）　*Ibid*., pp.28-29.
（11）　*Ibid*., pp.30-31.
（12）　人間の安全保障委員会『人間の安全保障概説』朝日新聞社、二〇〇三年。
（13）　Franklin Roosevelt Presidential Library and Museum Home Page, http://www.fdrlibrary.marist.edu/od4frees.html（二〇〇九年一二月一日アクセス）
（14）　*Ibid*.
（15）　人間の安全保障委員会、前掲書、二八四頁。
（16）　同、前掲書、一七五―一七七頁。
（17）　Mary Kaldor, *Human Security*, Polity, 2008.
（18）　人間の安全保障委員会、前掲書、一二頁。
（19）　UNDP, *op. cit*., p.23.
（20）　人間の安全保障委員会、前掲書、一七頁。
（21）　アマルティア・セン『人間の安全保障』集英社、二〇〇六年、三九頁。
（22）　人間の安全保障委員会、前掲書、一八頁。
（23）　同、一九頁。
（24）　同、二〇頁。

（25）同、二六九頁。
（26）同、一三頁。
（27）UNDP, *op.cit.*, pp.30-31.
（28）*Ibid.*, pp.31-32.
（29）人間の安全保障委員会、前掲書、一八頁。
（30）同、一九頁。
（31）同、一二頁。
（32）同、一三頁。
（33）同、一五頁。
（34）E・H・カー『危機の二十年――1919-1939』井上茂訳、〈岩波文庫〉岩波書店、一九九六年、二四四―二四五頁。
（35）同、一五五頁。
（36）池尾靖志編『平和学をつくる』晃洋出版、二〇〇九年、一五頁。
（37）藤田明史「平和学とは何か」、ヨハン・ガルトゥング／藤田明史編『ガルトゥング平和学入門』法律文化社、二〇〇三年、七頁。
（38）平野健一郎『国際文化論』東京大学出版、二〇〇〇年。
（39）Kosuke Shimizu, "Human Securiry, Governmentality, and Sovereignty : A Critical Examination of Contemporary Discourses on Universalizing Humanity," in Francois Debrix and Mark Lacy, eds., *The Geopolitics of American Insecurity : Terror, Power, and Foreign Policy*, Routledge, 2009.
（40）森哲郎編『世界史の理論――京都学派の哲学的論攷』燈影舎、二〇〇〇年。
（41）高橋哲哉・山影進編『人間の安全保障』東京大学出版会、二〇〇八年、七頁。
（42）同、九―一〇頁。
（43）William Connolly, *Identity/Difference : Democratic Negotiations of the Pelitical Paradox*, Cornell University Press, 1991.
（44）ハナ・アーレント『全体主義の起原　二　帝国主義』大島通義・大島かおり訳、みすず書房、一九七二年。
（45）リリアン・テルミ・ハタノ「在日ブラジル人を取り巻く「多文化共生」の諸問題」植田晃次・山下仁編『「共生」の内実――批判的社会言語学からの問いかけ』三元社、二〇〇六年、五五頁。

◆第九章

(1) Michel Foucault, *Michel Foucault : Beyond Structuralism and Hermeneutics*, second edition, Hubert L Dreyfus and Paul Rabinow, eds., the University of Chicago Press, 1982, pp.220-221.

(2) *Ibid.*, p.221.

(3) Thomas Osborne, "Security and vitality : Drains, Liberalism and Power in the Nineteenth Century," in Andrew Barry *et al.*, eds., *Foucault and Political Reason : Liberalism, Neo-liberalism, and Rationalities of Government*, University College London Press, 1996, pp.100-101.

(4) Saul Newman, *Power and Politics in Poststructuralist Thought : New Theories of the Political*, Routledge, 2005, p.100.

(5) Michel Foucault, *The Foucault Reader ; An Introduction to Foucault's Thought*, Paul Rabinow, ed., Penguin, 1984, p.259.

(6) Wendy Brown, *Regulating Aversion : Tolerance in the Age of Identity and Empire*, Princeton University Press, 2006, p.26.

(7) Foucault, *The Foucault Reader*.

(8) Stephen Gill, *Power and Resistance in the New World Order*, Palgrave, 2003, p.61.

(9) Michel Foucault, "The Means of Correct Training," in *The Foucault Reader*, p.188.

(10) *Ibid.*

(11) Graham Burchell, "Liberal Government and Techniques of the Self," in Andrew Barry *et al.*, eds., *Foucault and Political Reason : Liberalism, Neo-liberalism, and Rationalities of Government*, University College London Press, 1996, p.20.

(12) 土佐弘之『アナーキカル・ガバナンス』御茶の水書房、二〇〇六年。

(13) 同、iii—iv頁。

(14) ハナ・アーレント『全体主義の起原 二 帝国主義』大島通義・大島かおり訳、みすず書房、一九七二年、第四章。

(15) 同、一七六頁。

(16) 同。

(17) 同、二四四頁。

(18) 同。

(19) E・H・カー『危機の二十年——1919-1939』井上

茂訳、〈岩波文庫〉岩波書店、一九九六年、六六頁。
(20) 同。
(21) 例えば、石原慎太郎「少女の涙」、石原慎太郎公式ＨＰ、http://www.sensenfukoku.net/mailmagazine/no5.html（二〇一二年八月二九日アクセス）
(22) 土佐弘之『安全保障という逆説』青土社、二〇〇三年、一一九頁。
(23) 高須幸雄「人間の安全保障の視点に立った国連改革」Yukio Takasu, "Ningenno Anzennoshono Shitennitatta Kokuren Kaikaku," a paper presented at Public Forum for UN Reform organised by Ministry of Foreign Affairs, Mita Tokyo, "II. Statement of the 2005 Summit".
(24) 『朝日新聞』二〇〇六年六月二十六日付。
(25) 西岡力『飢餓とミサイル――北朝鮮はこれからどうなるのか』草思社、一九九八年。
(26) 例えば、中西輝政「日本国核武装の決断」『諸君』八月号、二〇〇三年。
(27) 平間洋一「歴史から見た北朝鮮をめぐる今後の展開」、平間洋一・杉田米行編『北朝鮮をめぐる北東アジアの国際関係と日本』明石書店、二〇〇四年。
(28) 重村智計・長谷川慶太郎『北朝鮮自壊――日米中が握る軍事独裁国家の命運』東洋経済新報社、二〇〇四年。
(29) 小此木政夫「「管理された飢餓」金正日・北朝鮮とのつき合い方」『潮』十一月号、一九九七年、日本財団ＨＰに転載、http://nippon.zaidan.info/seikabutsu/2001/00997/contents/00299.htm（二〇一二年十二月二十五日アクセス）。
(30) この点に関しての詳しい分析としては、前田幸男「アブグレイブ刑務所での拷問がはらむ複合的問題を可視化する――「六重の暴力」と反拷問のための「等価性の連鎖」に向けて」『情況』二〇〇七年五・六月号、があげられる。
(31) Giogio Agamben, *State of Exception*, trans. K. Attell, University of Chicago Press, 2005.

◆第十章

(1) 例えば、ピーター・シンガー『グローバリゼーションの倫理学』山内友三郎・樫則章監訳、昭和堂、二〇〇五年：Thomas Pogge and Darrel Moellendorf, eds., *Global Justice : Seminal Essays*, Global Responsibilities, Vol.1, Paragon House, 2008 ; Thomas Pogge and

Keith Horton, eds., *Global Ethics : Seminal Essays*, Global Responsibilities, Vol.2, Paragon House, 2008 ; Amartya Sen, *On Ethics and Economics*, Oxford University Press, 1993 ; Veronique Pin-Fat, *Universality, Ethics, and International Relations : A Grammatical Reading*（*Intervention*）, Routledge, 2009などがあげられる。また、国際関係の標準的なテキストであるJohn Baylis, Steve Smith and Patricia Owen, eds., *Globalization of World Politics : An introduction to international relations 4e*, Oxford University Press, 2008においては、第三版（2005）にはなかった“International Ethics”が理論のパートに追加されている。

（2）　例えばJim George, *Discourses of Global Politics : A Critical*（*Re*）*Introduction to International Relations*, Lynne Reinner, 1994 ; R. B. J. Walker, *Inside / Outside : International Relations as Political Theory*, Cambridge University Press, 1993など。

（3）　堀内督久「現代社会と悪」高坂史朗編『悪の問題――現代を思索するために』昭和堂、一九九〇年、九頁。

（4）　『大辞林』http : //dic.yahoo.co.jp/dsearch?p=%E5%80%AB%E7%90%86&dtype=0&dname=0ss（二〇一〇年十二月六日アクセス）。

（5）　堀内、前掲論文、一七頁。

（6）　Yosef Lapid, 'The Third Debate : On the Prospects of International Theory in a Post-Positivist Era," *International Studies Quarterly*, Vol.33,1998, pp.235-254.

（7）　スーザン・ストレンジ『国際政治経済学――国家と市場』東洋経済新報社、一九九八年、およびスーザン・ストレンジ『国家の退場』松井公人訳、岩波書店、一九九八年。

（8）　例えば、Steve Smith, 'The Forty Years Detour : The Resurgence of Normative Theory in International Relations," *Millennium: Journal of International Studies*, Vol.21, No.3, 1992, p.490.

（9）　五野井郁夫「世界政治と規範変容――重債務貧困国の債務救済とグローバル・ジャスティス運動をめぐって」世界政治研究会発表レジュメ、山上会館、二〇一〇年十一月二十日。

（10）　この流れは特に、国際関係におけるカント主義に基づくコスモポリタニズムによく見られる。Richard Shapcott, "*International Ethics*," in John Baylis, Steve

Smith and Patricia Owens, eds., *The Globalization of World Politics : An Introduction to International Relations*, 4e, Oxford University Press, 2008, pp.196-199.

（11）中島義道『悪について』岩波書店、二〇〇五年、一五頁。

（12）佐藤俊夫『倫理学　新版』東京大学出版会、一九六〇年、一一四頁。

（13）同、一一四頁、および中島、前掲書、一四―一六頁。

（14）中島、前掲書、三四―三五頁。

（15）同、六五―六六頁、傍点は原文。

（16）ハンナ・アーレント『イェルサレムのアイヒマン――悪の陳腐さについての報告』大久保和郎訳、みすず書房、一九九四年。

（17）ハンナ・アーレント『精神の生活　上　第一部　思考』佐藤和夫訳、岩波書店、一九九四年、八頁

（18）同。

（19）ミシェル・フーコー『性の歴史――知への意志』渡辺守章訳、新潮社、一九八六年。および、ジル・ドゥルーズ／フェリックス・ガタリ『千のプラトー――資本主義と分裂症』宇野邦一他訳、河出書房新社、一九八六年などがその代表作といえる。

（20）ジャック・デリダ『根源の彼方に――グラマトロジーについて』足立和浩訳、現代思潮新社、一九七二年など。

（21）ジャック・デリダ『法の力』堅田耕一訳、法政大学出版、一九九九年、三四―三五頁、および斉藤慶典『デリダ――なぜ「脱構築」は正義なのか』ＮＨＫ出版、二〇〇六年、一〇六頁。

（22）ジャック・デリダ／ジョン・Ｄ・カプート編『デリダとの対話――脱構築入門』高橋透・黒田晴之・衣笠正晃・胡屋武志訳、法政大学出版、二〇〇四年、一九八頁。

（23）Saul Newman, *Power and Structure in Poststructuralist Thought : New Theories of the Political*, Routledge, 2005, pp.58-59.

（24）ミシェル・フーコー「統治性」小林康夫他編『フーコー・コレクション 6』筑摩書房、二〇〇六年。

（25）Lapid, *op. cit.* ; Jim George, *op. cit.*

◆第十一章

（1）この流れはいわゆる構築主義（Constructivism）によるものである。詳しくは Nicholas Onuf, *World of Our Making*, University of South Carolina Press, 1989 ; Ralph Pettman, *Commonsense Constructivism, or the Making of World Affairs*, M.E.Sharpe, 2000 ; Ralph Pettman, *Reason, Culture, Religion : Metaphysics of World Politics*, Palgrave, 2004 などを参照。

（2）ハンス・モーゲンソー『国際政治――権力と平和』現代平和研究会訳、福村出版、一九九八年。

（3）E・H・カー『危機の二十年―理想と現実』原彬久訳、〈岩波文庫〉岩波書店、二〇一一年。

（4）このことについては、ハンナ・アレントも同様の議論を展開している。E・H・カー『ナショナリズムの発展』大窪愿二訳、みすず書房、一九五二年、Hannah Arendt, *The Origins of Totalitarianism*, Harcourt, 1968、および清水耕介「世界大戦とナショナリズム――E・H・カーとアレントの見た19世紀欧州」『アソシエ』一六号、二〇〇五年。

（5）Martin Wight, *Systems of State*, Hedley Bull, ed., Leicester University Press, 1977.

（6）Hedley Bull, *Anarchical Society : A Study of Order in World Politics*, MacMillan, 1984 ; R.J. Vincent, *Human Rights and International Relations*, Cambridge University Press, 1986.

（7）Robert Gilpin, *War and Change in World Politics*, Cambridge University Press, 1981 ; Robert Gilpin, *The Political Economy of International Relations*, Princeton University Press, 1987.

（8）Robert Cox, *Production, Power, and World Order : Social Forces in Making History*, Columbia University Press, 1987 ; Stephen Gill, ed., *Gramsci, Historical Materialism, and International Relations*, Cambridge University Press, 1987.

（9）R.B.J. Walker, *Inside/Outside : International Relations as Political Theory*, Cambridge University Press, 1993, Jim George, *Global Politics :（Re）introduction to International Relations*, Lynne Reinner, 1994.

（10）Jenny Edkins, *Poststructuralism and International Reations : Bringing Political Back In*, Lynne Reinner, 1999.

（11）Tim Dunne, *Inventing International Society : A History of the English School*, Macmillan, 1998 ; William A. Callahan, "Nationalising International Theory : Race, Class, and the English School," *Global Society*, Vol.18, No.4, 2004.

（12） Andrew Linklater and Hidemi Suganami, *English School of International Relations : A Contemporary Reassessment*, Cambridge University Press, 2006.

（13） Alexander Wendt, *Social Theory Of International Politics*, Cambridge University Press, 1998.

（14） Ole Wæver, "The Sociology of a Not So International Discipline : American and European Developments in International Relations," *International Organization*, Vol.52, No.4, 1998, pp.687-727 ; Armitav Acharya and Barry Buzan, "Why Is There No Non-Western International Relations Theory? An Introduction," *International Relations of the Asia-Pacific*, Vol.7, No.3, 2007, pp.287-312.

（15） Armitav Acharya and Barry Buzan, eds., *Non-Western International Relations Theory : Perspectives on and Beyond Asia*, Routledge, 2010.

（16） Young Chul Cho, "The South Korean Recent Quest for Building an Independent Korean IR School in a Colonial Circuit," Paper Presented at MERC Lecture in Leiden University, 23/Feb/2011.

【初出一覧】

第一章
「自由主義、民主主義、ナショナリズム」科学研究費補助金B「アジア・アフリカにおけるナショナリズムの比較——近現代史の視点から」（代表：長崎暢子、一八三二〇一〇〇）研究報告、二〇一〇年。

第二章
「ラディカルデモクラシーとデモクラティック・ピース論——政治的ラディカリズムと国際関係」『情況』五・六月号、二〇〇七年。

第三章
「非暴力抵抗の三つの歴史と三つの概念」龍谷大学『国際社会文化研究所紀要』九号、二〇〇七年。

第四章
「現代における紛争解決の理論的地平」長崎暢子・清水耕介編『紛争解決　暴力と非暴力』〈アフラシア叢書〉第一巻、ミネルヴァ書房、二〇一〇年。

第五章
「アメリカ政治経済の特性と文化論の隆盛」『アソシエ』一九号、二〇〇七年。

第六章
「政治変容と国際関係」丸山仁・加来健輔編『政治変容のパースペクティブ』ミネルヴァ書房、二〇〇五年。

第七章
「アイデンティティの喪失と暴力――アメリカ政治経済史についての一考察」杉田米行編『アメリカ〈帝国〉の失われた覇権――原因を検証する12の論考』三和書籍、二〇〇七年。

第八章
「構造的暴力と人間の安全保障」小田川大典・五野井郁夫・高橋良輔編『国際政治哲学』ナカニシヤ出版、二〇一一年。

第九章
「国際社会と人間の安全保障――生政治概念とアイデンティティ」杉田米行・大賀哲編『国際社会の

意義と限界――理論・思想・歴史』国際書院、二〇〇八年。

第十章

「現代におけるグローバルな善・悪の概念について――カント・アレント・デリダの正義」『平和研究』三六号、二〇一一年。

第十一章

「欧米の政治経済」伊藤誠・本山美彦編『世界と日本の政治経済の混迷――変革への提言』御茶の水書房、二〇一一年。

は行

ま行

や・ら行

さ行

た行

な行

事項索引

ジジェク（Slavoj Žižek） 72, 77, 106, 149
シュテルナー（Max Stirner） 142
シュミット（Carl Schmitt） 41, 52, 141, 156
シュンペーター（Joseph Schumpeter） 10, 30, 74
ストレンジ（Susan Strange） 35
スピヴァク（Gayatri Spivak） 240
スミス（Anthony D. Smith） 6

タ行
千葉眞 31, 36
デリダ（Jacques Derrida） 229
ドゥルーズ（Gilles Deleuze） 93
土佐弘之 203
戸坂潤 iii

ナ行
ナイ（Joseph Samuel Nye, Jr.） 151
長崎暢子 91
西田幾多郎 65, 188
ネグリ（Antonio Negri） 35

ハ行
ハート（Michael Hardt） 35
バーンスタイン（Richard Bernstein） 29
ハバーマス（Jürgen Habermas） 34
ハンティントン（Samuel P. Huntington） 75, 112, 239
ヒットラー（Adolf Hitler） 9
平野健一郎 186
廣松渉 20
フーコー（Michel Foucault） 45, 141, 190, 196, 198, 200, 202, 209, 233
プラトン（Plato） 10, 30, 55
フリードマン（Thomas Friedman） 40
フロム（Erich Fromm） ii
ヘーゲル（G.W.H Hegel） 74
ベル（Daniel Bell） 148
ベンサム（Jeremy Bentham） 9, 11, 86, 187
ベンヤミン（Walter Benjamin） 52
ホッブス（Thomas Hobbes） 76
ホブズボウム（Eric Hobsbawm） 7

マ行
マンデラ（Nelson Mandela） 75
ムフ（Chantal Mouffe） 31
モーゲンソー（Hans Morgenthau） 180, 235, 237

ヤ・ラ・ワ行
山影進 188
ラカン（Jacques Lacan） 11, 111
リンカーン（Abraham Lincoln） 10
ルーズベルト（Franklin Roosevelt） 165
ルソー（Jean-Jacques Rousseau） 10, 15
レーガン（Ronald Reagan） 103, 148

人名索引

ア行

アイヒマン（Adolf Otto Eichmann）　*228*

アガンベン（Giorgio Agamben）　*26, 52, 211*

アレント（Hannah Arendt）　ii, iv, *13, 25, 49, 50, 55, 62, 74, 138, 156, 169, 192, 196, 205, 206, 225*

アンダーソン（Benedict Anderson）　*7*

今村仁司　*21, 50*

ウィルソン（Thomas Woodrow Wilson）　*206*

ウェーバー（Cynthia Weber）　*146*

ウェーバー（Max Weber）　*89*

ウェント（Alexander Wendt）　*241*

ウォーカー（Lenore Walker）　*144*

ウォーカー（R. B. J. Walker）　*119*

ウォーラースタイン（Immanuel Wallerstein）　*101*

ウォルツ（Kenneth Waltz）　*151*

ウォルツァー（Michael Walzer）　*152, 153, 155*

エーレンベルグ（John Ehrenberg）　*34*

カ行

カー（Edward Hallett Carr）　ii, *7, 8, 41, 101, 139, 169, 180, 196, 207, 236, 237*

ガートン・アッシュ（Timothy Garton Ash）　*52, 60*

ガタリ（Pierre-Fèlix Guattari）　*93*

ガルトゥング（Johan Karam chand-Galtung）　*82, 161, 185, 186*

カルドー（Mary Kaldor）　*59, 122, 167*

ガンディー（Mohandas Gandhi）　*3, 19, 21, 54, 75, 79, 91*

カント（Immanuel Kant）　*40, 74, 93, 222, 228*

ギデンズ（Anthony Giddens）　*145*

ギル（Stephen Gill）　*35, 201*

ギルピン（Robert Gilpin）　*102, 151*

クラウゼヴィッツ（Carl von Clausewitz）　*49*

グラムシ（Antonio Gramsci）　*201, 239*

クリステヴァ（Julia Kristeva）　*12*

ケインズ（John Maynard Keynes）　*12*

ゲルナー（Ernest Gellner）　*5, 87*

コノリー（William E. Connolly）　*12, 41, 42, 142, 191*

コヘイン（Robert Keohane）　*151*

ゴルバチョフ（Mikhail Sergeyevich Gorbachev）　*91*

サ行

サイード（Edward Saïd）　*240*

齋藤純一　*42*

サンデル（Michael Sandel）　*225*

清水耕介（しみず・こうすけ）
龍谷大学国際文化学部教授
1965年生まれ。西南学院大学卒業。ニュージーランド国立ヴィクトリア大学政治学・国際関係学大学院博士課程修了。Ph. D. in International Relations. 国際関係理論・国際政治経済学理論専攻。『グローバル権力とホモソーシャリティ――暴力と文化の政治経済学』（御茶の水書房、2006年）、"Nishida Kitaro and Japan's Interwar Foreign Policy : War Involvement and Culturalist Political Discourse"（*International Relations of Asia-Pacific*, Vol.11, No.1, 2011）、他。

寛容と暴力
――国際関係における自由主義

2013年4月15日　初版第1刷発行　（定価はカバーに表示してあります）

著　者　清水耕介
発行者　中西健夫
発行所　株式会社ナカニシヤ出版
〒606-8161 京都市左京区一乗寺木ノ本町15番地
TEL 075-723-0111　FAX 075-723-0095
http : //www.nakanishiya.co.jp/

装幀＝白沢正
印刷・製本＝亜細亜印刷

Printed in Japan.　ISBN978-4-7795-0750-2　C1031

国際政治哲学

小田川大典・五野井郁夫・高橋良輔 編

戦争と平和、グローバルな貧困、国境を越える政治――。国際的・国境横断的な諸問題について、哲学的に考えるための概念装置を網羅した最新かつ最強のテキストブック！

三三六〇円

社会的なもののために

市野川容孝・宇城輝人 編

「社会的なもの」の理念とは何であったのか。そして何でありうるのか。歴史と地域を横断しながら、その可能性を正負両面を含めて根底から問う白熱の討議。新しい連帯の構築のために。

二九四〇円

デモクラシーの擁護
――再帰化する現代社会で

宇野重規・田村哲樹・山崎　望 著

危機の時代において、デモクラシーこそが唯一の選択肢である！　気鋭の三名の政治学者が再帰性をキーワードにデモクラシーの可能性を徹底的に考察する、新たな時代のデモクラシー宣言。

二九四〇円

実践する政治哲学

宇野重規・井上　彰・山崎　望 編

喫煙規制・外国人参政権から、教育、環境、平和、安全保障まで、現代の世界が直面するさまざまな難題に政治哲学が解答を与える！　最新の政治哲学で現代社会を読み解く。

三一五〇円

表示は二〇一三年四月現在の税込価格です。